전 과목이 쉬워지는
강력한 국어의 힘

초등 문해력 신문

2

PHOTO CREDIT

표지, 12p, 21p, 28p, 184p ⓒ**셔터스톡** / 24p, 48p, 53p, 112p ⓒ**연합뉴스** / 17p, 32p, 36p, 49p, 56p, 69p, 80p, 88p, 96p, 100p, 104p, 113p, 116p, 124p, 128p, 136p, 141p, 144p, 145p 148p, 149p, 165p, 168p, 169p, 172p, 185p, 196p ⓒ**위키피디아** / 20p, 44p, 60p, 68p, 72p, 76p, 92p, 108p, 132p, 140p, 149p, 164p, 188p ⓒ**픽사베이**

전 과목이 쉬워지는 강력한 국어의 힘

초등 문해력 신문 2

초판 1쇄 인쇄 2026년 2월 13일
초판 1쇄 발행 2026년 3월 6일

글 강미숙, 지다나

펴낸곳 도서출판 개암나무(주)
펴낸이 김보경
경영관리 총괄 김수현 **경영관리** 배정은 조영재
편집 조원선 김소희 오은정 이혜인 **디자인** 이은주 **마케팅** 이기성
출판등록 2006년 6월 16일 제22-2944호

주소 서울특별시 용산구 한남대로40길 19, 4층(한남동, JD빌딩) (우)04417
전화 (02)6254-0601, 6207-0603 **팩스** (02)6254-0602 **E-mail** gaeam@gaeamnamu.co.kr
개암나무 블로그 http://blog.naver.com/gaeamnamu **개암나무 카페** http://cafe.naver.com/gaeam

ISBN 978-89-6830-908-3 74700
ISBN 978-89-6830-887-1 (세트)

품명 아동 도서 | **제조년월** 2026년 3월 6일 | **사용연령** 11세 이상
제조자명 개암나무(주) | **제조국명** 대한민국 | **전화번호** 02-6254-0601
주소 서울특별시 용산구 한남대로40길 19, 4층(한남동, JD빌딩)

전 과목이 쉬워지는

강력한 국어의 힘

초등 문해력 신문

2

강미숙 · 지다나 글

개암나무

이 책의 구성을 알아봐요

경제, 사회 문화, 과학, 국제, 환경 다섯 분야의 시사·교양 기사와 민요, 실록, 기행 가사 등 다양한 읽을거리를 담았어요. 일주일 동안 매일 다른 주제의 글을 읽으며, 어휘력과 생각하는 힘을 기를 수 있어요.

신문 기사로 시야 넓히기

분야와 난이도

각 글의 분야와 난이도를 표시해 글의 주제를 짐작할 수 있어요.

교과 연계

어떤 교과목과 연계되어 있는지 확인할 수 있어요.

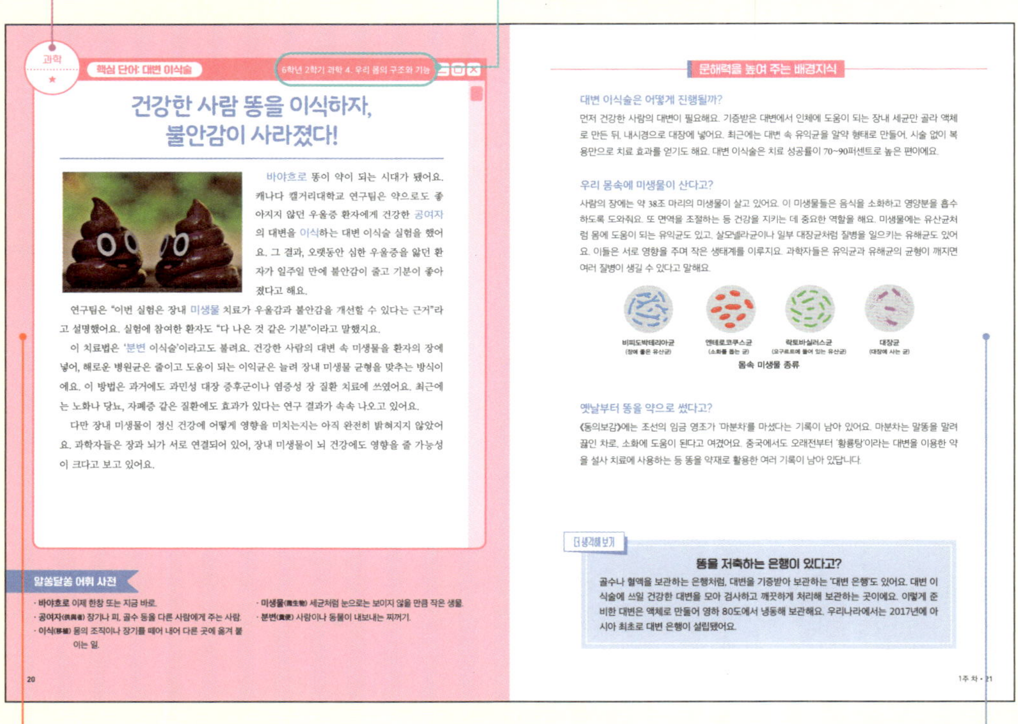

과학 ★

핵심 단어: 대변 이식술

6학년 2학기 과학 4. 우리 몸의 구조와 기능

건강한 사람 똥을 이식하자, 불안감이 사라졌다!

바야흐로 똥이 약이 되는 시대가 됐어요. 캐나다 캘거리대학교 연구팀은 약으로도 좋아지지 않던 우울증 환자에게 건강한 공여자의 대변을 이식하는 대변 이식술 실험을 했어요. 그 결과, 오랫동안 심한 우울증을 앓던 환자가 일주일 만에 불안감이 줄고 기분이 좋아졌다고 해요.

연구팀은 "이번 실험은 장내 미생물 치료가 우울감과 불안감을 개선할 수 있다는 근거"라고 설명했어요. 실험에 참여한 환자도 "다 나은 것 같은 기분"이라고 말했지요.

이 치료법은 '분변 이식술'이라고도 불려요. 건강한 사람의 대변 속 미생물을 환자의 장에 넣어, 해로운 병원균은 줄이고 도움이 되는 이익균은 늘려 장내 미생물 균형을 맞추는 방식이에요. 이 방법은 과거에도 과민성 대장 증후군이나 염증성 장 질환 치료에 쓰였어요. 최근에는 노화나 당뇨, 자폐증 같은 질환에도 효과가 있다는 연구 결과가 속속 나오고 있어요.

다만 장내 미생물이 정신 건강에 어떻게 영향을 미치는지는 아직 완전히 밝혀지지 않았어요. 과학자들은 장과 뇌가 서로 연결되어 있어, 장내 미생물이 뇌 건강에도 영향을 줄 가능성이 크다고 보고 있어요.

알쏭달쏭 어휘 사전

- 바야흐로 이제 한창 또는 지금 바로.
- 공여자(供與者) 장기나 피, 골수 등을 다른 사람에게 주는 사람.
- 이식(移植) 몸의 조직이나 장기를 떼어 내어 다른 곳에 옮겨 붙이는 일.
- 미생물(微生物) 세균처럼 눈으로는 보이지 않을 만큼 작은 생물.
- 분변(糞便) 사람이나 동물이 내보내는 찌꺼기.

20

문해력을 높여 주는 배경지식

대변 이식술은 어떻게 진행될까?

먼저 건강한 사람의 대변이 필요해요. 기증받은 대변에서 인체에 도움이 되는 장내 세균만 골라 액체로 만든 뒤, 내시경으로 대장에 넣어요. 최근에는 대변 속 유익균을 알약 형태로 만들어, 시술 없이 복용만으로 치료 효과를 얻기도 해요. 대변 이식술은 치료 성공률이 70~90퍼센트로 높은 편이에요.

우리 몸속에 미생물이 산다고?

사람의 장에는 약 38조 마리의 미생물이 살고 있어요. 이 미생물들은 음식을 소화하고 영양분을 흡수하도록 도와줘요. 또 면역을 조절하는 등 건강을 지키는 데 중요한 역할을 해요. 미생물에는 유산균처럼 몸에 도움이 되는 유익균도 있고, 살모넬라균이나 일부 대장균처럼 질병을 일으키는 유해균도 있어요. 이들은 서로 영향을 주며 작은 생태계를 이루지요. 과학자들은 유익균과 유해균의 균형이 깨지면 여러 질병이 생길 수 있다고 말해요.

비피도박테리아균 (장에 좋은 유산균)
엔테로코쿠스균 (소화를 돕는 균)
락토바실러스균 (요구르트에 들어 있는 유산균)
대장균 (대장에 사는 균)

몸속 미생물 종류

옛날부터 똥을 약으로 썼다고?

《동의보감》에는 조선의 임금 영조가 '마분차'를 마셨다는 기록이 남아 있어요. 마분차는 말똥을 말려 끓인 차로, 소화에 도움이 된다고 여겼어요. 중국에서도 오래전부터 '황룡탕'이라는 대변을 이용한 약을 설사 치료에 사용하는 등 똥을 약재로 활용한 여러 기록이 남아 있답니다.

더 생각해 보기

똥을 저축하는 은행이 있다고?

골수나 혈액을 보관하는 은행처럼, 대변을 기증받아 보관하는 '대변 은행'도 있어요. 대변 이식술에 쓰일 건강한 대변을 모아 검사하고 깨끗하게 처리해 보관하는 곳이에요. 이렇게 준비한 대변은 액체로 만들어 영하 80도에서 냉동해 보관해요. 우리나라에서는 2017년에 아시아 최초로 대변 은행이 설립됐어요.

1주 차 · 21

신문 기사와 어휘 사전

기자 출신 저자들이 기사 작성법에 따라 쓴 기사를 읽으며 신문 기사와 친해져요. 모르는 단어는 바로 확인하여 어휘력을 키워요.

문해력을 높여 주는 배경지식

기사와 관련된 정보를 읽으며 지식의 폭을 넓히고 문해력을 길러요.

평일엔 세상과 연결되고, 주말엔 이야기 속으로 여행하며 한 주를 채워 봐요. 8주 뒤에는 세상을 깊이 이해하고 책 속을 자유롭게 오가는 나만의 문해력이 완성돼요!

개념 다지기

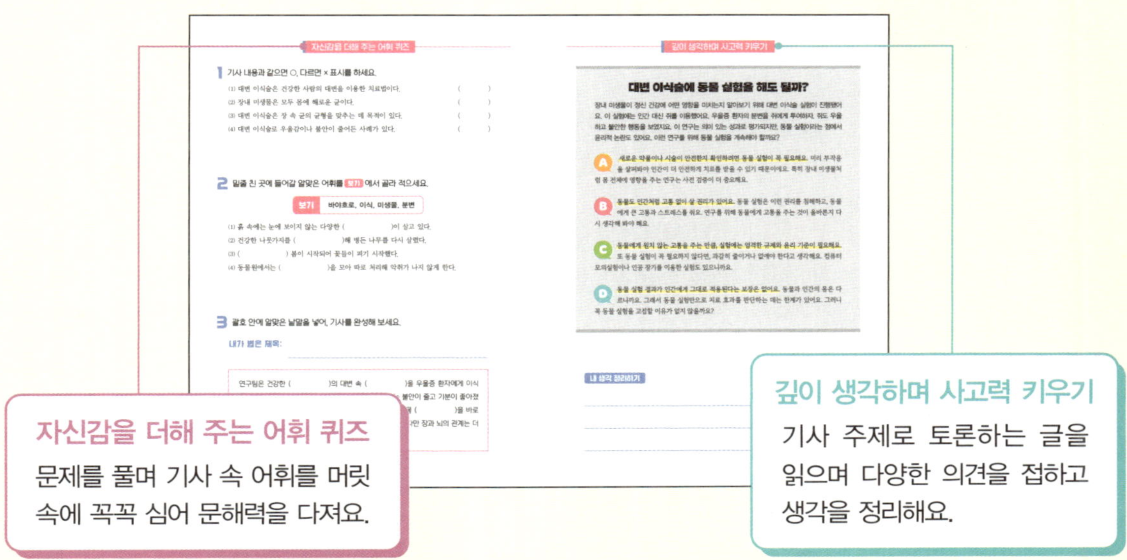

자신감을 더해 주는 어휘 퀴즈
문제를 풀며 기사 속 어휘를 머릿속에 꼭꼭 심어 문해력을 다져요.

깊이 생각하며 사고력 키우기
기사 주제로 토론하는 글을 읽으며 다양한 의견을 접하고 생각을 정리해요.

다양한 형식의 글 접하기

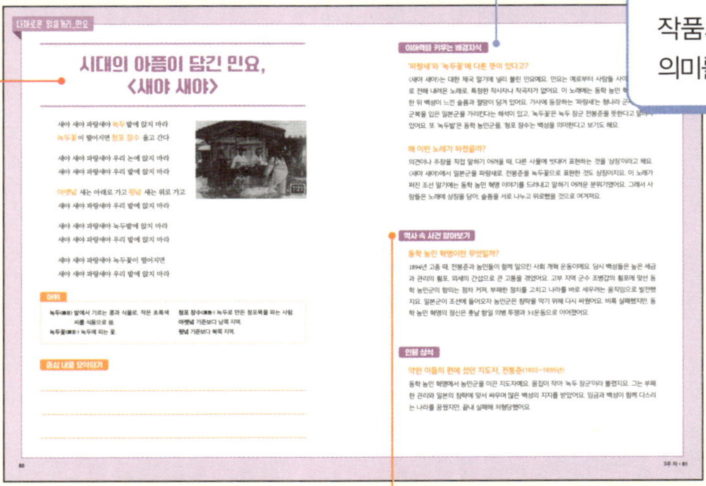

이해력을 키우는 배경지식
작품의 형식과 배경, 의미를 살펴봐요.

다채로운 읽을거리
민요, 실록, 시, 기행 가사 등 여러 형식의 글을 만나요.

역사 속 사건 알아보기
작품과 관련된 시대적 배경을 이해해요.

차례

3
주차

4
주차

1주 차

#팝업스토어
#AI저작권
#대변이식술
#과잉관광
#식용곤충
#헌법

판매보다 체험! 팝업 스토어 전성시대

"로블록스 팝업 스토어에 오신 것을 환영합니다!"

아빠 손을 잡고 팝업 스토어(Pop-Up Store)에 도착한 개암이는 두 눈이 휘둥그레졌어요. 끝이 보이지 않을 만큼 줄이 길었거든요. 예매를 해 놔서 다행이었지요. 게임 체험존에서 로블록스 게임을 직접 해 보고, 팬 미팅에서 인기 크리에이터에게 사인도 받았어요. 캐릭터 상품 같은 굿즈를 사느라 용돈을 **탕진**했지만, 온라인 속 세계를 현실에서 생생하게 느낄 수 있어 뿌듯했지요.

팝업 스토어는 짧은 기간만 운영하는 임시 매장이에요. 로블록스 코리아가 판교의 한 백화점에 처음 연 팝업 스토어는 **성료**될 때까지 무려 17만 명이 다녀가 큰 화제였어요. 로블록스뿐 아니라 라부부, 레고 같은 인기 브랜드와 식품 회사들까지 앞다투어 팝업 스토어를 열고 있어요. 일반 매장과 달리 소비자가 브랜드를 **오감**으로 느끼고 체험할 수 있다는 게 특징이에요.

시장과 경제가 발달하면서 기업은 제품 **차별화**만으로 경쟁하기 어려워졌어요. 대신 소비자에게 특별한 경험을 제공하는 '체험 마케팅'이 중요해졌지요. 실제 구매층인 MZ 세대가 직접 참여하는 **이색** 활동을 좋아하기 때문이에요. 이들이 팝업 스토어에서의 경험을 SNS에 올리면, 자연스럽게 홍보 효과로 이어져 기업은 일석이조예요.

알쏭달쏭 어휘 사전

- **탕진(蕩盡)** 재물을 다 써서 없앰.
- **성료(盛了)** 일이나 행사가 잘 끝남.
- **오감(五感)** 시각, 청각, 후각, 미각, 촉각의 다섯 가지 감각.
- **차별화(差別化)** 서로 다르게 구별되도록 함.
- **이색(異色)** 보통과 달리 색다름.

문해력을 높여 주는 배경지식

체험 마케팅은 무엇일까?

체험 마케팅은 기업이 제품을 설명하는 대신 소비자가 직접 보고, 만지고, 써 보며 느끼게 하는 방법이에요. 요즘 소비자는 물건보다 '경험'을 중요하게 여겨 이런 방식이 주목받고 있어요. 체험 마케팅의 대표적인 예로 팝업 스토어와 플래그십 스토어가 있어요. 팝업 스토어는 짧은 기간만 운영되고, 플래그십 스토어는 상시 운영되는 매장이에요. 플래그십 스토어에서는 제품뿐 아니라 브랜드의 이미지와 철학까지 함께 경험할 수 있어요. 체험 마케팅은 제품 신뢰도를 높이고, 긍정적인 기억을 남겨 브랜드에 대한 호감을 키워요. 이런 경험은 입소문으로 퍼져 홍보 효과를 내기도 해요.

팝업 스토어의 문제점

팝업 스토어는 브랜드를 알리는 좋은 기회지만, 공간을 빌리고 꾸몄다가 철거하는 데 많은 비용이 든다는 단점이 있어요. 오래 운영하지 않아 단골을 만들기 어렵다는 한계도 있지요. 소비자 입장에서는 한정판 굿즈 때문에 소비를 과도하게 할 수 있고, 사람이 몰리면 소음이나 교통 체증, 쓰레기 발생 등의 문제를 겪기도 해요.

취향에 따라 소비하는 '옴니보어' 소비자란?

'옴니보어(Omnivore)'는 원래 '잡식성 동물'을 뜻하는 말이에요. 경제 분야에서는 한 가지 취향에 얽매이지 않고 다양한 경험과 선택을 즐기는 소비자를 옴니보어 소비자라 해요. 이들은 유행보다 취향을 더 중요하게 여겨요. 옴니보어 소비자가 늘어난 이유로는 길어진 평균 수명과 달라진 취업, 결혼, 출산 시기로 인한 인구 구조의 변화를 들 수 있어요. 그만큼 사람들의 생활 방식과 소비 기준도 다양해졌기 때문이에요.

더 생각해 보기

MZ 세대부터 알파 세대까지, 왜 세대를 나눌까?

'세대'는 같은 시대에 자라 비슷한 경험과 문화를 공유한 사람들을 말해요. MZ 세대는 '밀레니얼 세대'와 'Z 세대'를 합친 말이에요. 이들은 디지털 기기에 익숙하고 새로운 변화를 빠르게 받아들여요. 알파 세대는 2010년 이후 태어난 세대로, 어려서부터 디지털 환경에서 자라 '디지털 네이티브'라고 불리지요. 중심 세대는 사회 변화에 따라 달라져요. 이들의 소비와 생활 방식은 경제와 문화에 큰 영향을 주지요. 그래서 사회를 이해하려면 세대별 특징을 살펴볼 필요가 있어요.

자신감을 더해 주는 어휘 퀴즈

1 기사 내용과 같으면 ○, 다르면 × 표시를 하세요.

(1) 팝업 스토어는 짧은 기간만 운영하는 임시 매장이다. (　　　)

(2) 팝업 스토어에서는 물건을 사는 것만 중요하다. (　　　)

(3) 팝업 스토어에서는 브랜드를 오감으로 체험할 수 있다. (　　　)

(4) 팝업 스토어의 경험은 홍보 효과로 이어지지 않는다. (　　　)

2 밑줄 친 곳에 들어갈 알맞은 어휘를 보기 에서 골라 적으세요.

보기	탕진, 성료, 오감, 이색

(1) 축제가 모두의 환호 속에 (　　　　　　　　)되어 주민들도 크게 만족했다.

(2) 그는 갖고 있던 용돈을 하루 만에 모두 (　　　　　　　　)하고 말았다.

(3) 전시에서 빛, 소리, 향기 등 (　　　　　　　　)을 자극하는 체험이 인기가 높았다.

(4) 그림책과 과학을 함께 다룬 (　　　　　　　　) 전시가 열렸다.

3 괄호 안에 알맞은 낱말을 넣어, 기사를 완성해 보세요.

내가 뽑은 제목: ____________________

로블록스 (　　　　　　) 스토어는 짧은 기간만 운영하는 임시 매장이었어요. 개암이는 게임을 체험하고 굿즈를 사느라 용돈을 (　　　　　　)했지요. 첫 팝업 스토어는 많은 사람이 찾아와 (　　　　　　)되었어요. 소비자는 브랜드를 오감으로 느끼며 (　　　　　　) 체험을 즐길 수 있어 관심을 갖고, 기업은 중요한 마케팅으로 여겨요.

팝업 스토어의 한정판 굿즈, 문제가 될까?

팝업 스토어 인기가 높아지면서 이곳에서만 파는 한정판 굿즈나 증정품을 대량으로 사들여 되파는 사람들도 많아졌어요. 그 결과 정작 팬이나 일반 소비자는 물건을 사지 못하고, 가격이 지나치게 오르는 문제가 생겼지요. 팝업 스토어의 한정판 굿즈, 이대로 괜찮을까요?

A 팝업 스토어는 소비를 부추기는 구조라고 생각해요. 특히 한정판이라는 이유로 필요 이상으로 물건을 사게 만드는 점이 문제라고 봐요. 굿즈를 아예 만들지 않으면 낭비도 줄고, 싹쓸이나 되팔기도 자연스럽게 사라질 거예요.

B 특별한 굿즈를 살 수 있는 것은 팝업 스토어에 가는 이유 중 하나예요. 굿즈를 없앤다고 문제가 해결되지는 않아요. 한 사람이 살 수 있는 수량을 제한하거나, 온라인에서도 동시에 판매하는 방법이 더 좋을 것 같아요.

C 소수의 잘못된 행동 때문에 다수가 피해를 보는 건 공평하지 않아요. 굿즈를 싹쓸이하거나 되파는 사람에게 구매 제한 같은 제재가 필요하다고 생각해요. 규칙을 어기는 사람만 막아도 일반 소비자가 겪는 불편을 크게 줄일 수 있어요.

D 현장에서 관리가 제대로 이루어진다면 이런 혼란은 줄 거예요. 또 정당하게 산 굿즈를 다시 파는 리셀(Resell)이 모두 나쁜 행동은 아니라고 생각해요. 명품 리셀 시장이 있는 것처럼, 다시 판매된 굿즈도 누군가에게는 꼭 필요한 물건일 수 있으니까요.

내 생각 정리하기

AI가 만든 창작물, 누가 주인일까?

요즘 많은 사람이 생성형 AI로 노래, 소설, 그림, 게임 등 다양한 콘텐츠를 만들어요. 음악이나 그림 실력이 없어도 몇 가지 조건만 입력하면, AI가 결과물을 바로 **생성**해 주기 때문이에요.

생성형 AI 시장은 빠르게 성장하고 있어요. 2022년 약 290억 달러(한화 약 38조 원)였던 시장 규모는 2023년 약 438억 달러(한화 약 57조 원)로 크게 늘었어요. 2030년에는 지금보다 훨씬 커질 것으로 예상하지요.

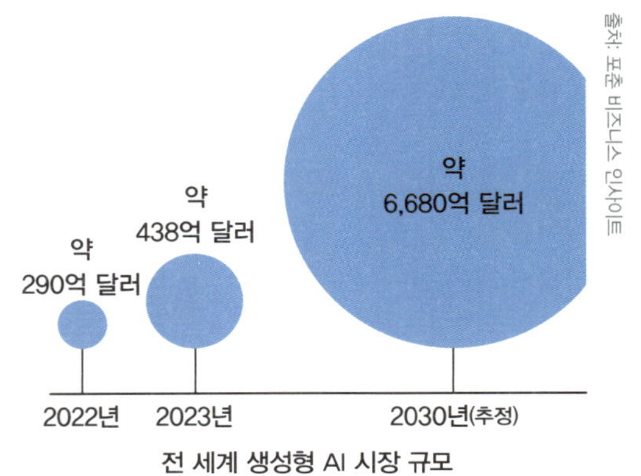

전 세계 생성형 AI 시장 규모

AI 기술이 널리 쓰이면서 AI **창작물**의 저작권 문제가 전 세계적으로 뜨거운 **논쟁**이에요. 아직 대부분의 나라는 AI가 만든 결과물을 인간의 창작물로 보기 어렵다며 저작권을 인정하지 않아요. 하지만 AI를 활용하는 과정에서 인간이 참여해 창작성을 발휘한 부분은 저작권을 보호받을 수 있어요.

전문가들은 "앞으로 AI 작품의 **영향력**이 커질수록 저작권 침해 문제는 물론, 인간 창작자가 불리해지는 상황도 늘어날 것"이라고 말해요. 그래서 "AI 발전과 창작자 보호 사이의 균형을 위한 법적 **규제**가 필요하다"고 강조하지요.

알쏭달쏭 어휘 사전

- **생성**(生成) 어떤 것이 새로 생겨남.
- **창작물**(創作物) 새롭게 만들어 낸 작품.
- **논쟁**(論爭) 다른 의견을 가진 사람들이 말이나 글로 다투는 일.
- **영향력**(影響力) 어떤 일이 다른 사물이나 사람에 미치는 힘.
- **규제**(規制) 규칙으로 정해 놓고 마음대로 하지 못하게 함.

새로운 결과물을 만드는 생성형 AI

생성형 AI는 사용자가 원하는 내용을 스스로 만들어 내는 인공 지능이에요. 많은 데이터를 학습해 글, 그림, 음악, 영상 등 다양한 결과물을 만들 수 있어요. 이미 챗봇 상담, 디자인, 광고 제작 등에 널리 쓰이고, 예술가들이 작품에 활용하기도 해요. 생성형 AI의 가장 큰 특징은 학습한 정보를 바탕으로 새로운 콘텐츠를 만들어 낸다는 점이에요.

저작권이란 무엇일까?

저작권은 소설, 시, 음악, 미술, 영화, 컴퓨터 프로그램처럼 창작물을 만든 사람이 가지는 권리예요. 창작자가 살아 있는 동안은 물론, 사후 70년까지 보호받아요. 요즘은 디지털 콘텐츠가 빠르게 만들어지고 퍼지면서 저작권 침해 문제도 늘고 있어요. 짧은 영상이나 음악이라도 저작권이 있는 창작물을 허락 없이 사용하거나 퍼뜨리면 법적으로 처벌받을 수 있어요.

AI가 만든 작품이 대회에서 1등을?

2022년 미국의 한 미술 대회에서 생성형 AI '미드저니'로 만든 그림 〈스페이스 오페라 극장〉이 1위를 차지했어요. 인간의 창작물이 아니라며 수상을 취소해야 한다는 의견도 나왔지만, 참가자가 AI 사용 사실을 밝혔고 당시 규정에도 어긋나지 않아 수상이 유지됐어요. 반면 2025년 일본의 한 사진 공모전에서는 AI로 만든 이미지가 최우수상을 받았다가, 사람이 찍은 사진이 아니라는 이유로 수상이 취소되었어요. 이처럼 아직도 AI 창작물에 대해 의견이 분분하답니다.

AI가 창작한 수상 작품 〈스페이스 오페라 극장〉

더 생각해 보기

국내 최초로 저작권을 인정받은 AI 영화

2023년 개봉한 단편 영화 〈AI 수로부인〉은 우리나라에서 처음으로 저작권을 인정받은 AI 영화예요. 시나리오부터 영상과 음악에도 생성형 AI를 사용했지만, 편집과 색감 조정 같은 최종 작업은 사람이 맡았어요. 한국저작권위원회는 여기에 인간의 창작적 기여가 있다고 보고, 영화 전체가 아닌 '편집 저작물'로 저작권을 인정했어요. 편집 저작물이란 여러 자료를 모아 사람이 새롭게 구성한 작품을 말해요. 다시 말해, 편집도 하나의 창작인 셈이지요.

자신감을 더해 주는 어휘 퀴즈

1 기사 내용과 같으면 ○, 다르면 × 표시를 하세요.

(1) 생성형 AI는 조건을 입력하면 결과물을 바로 만들어 준다. (　　　)

(2) 생성형 AI 시장 규모는 해마다 줄고 있다. (　　　)

(3) AI가 만든 창작물의 저작권을 두고 논쟁이 일어나고 있다. (　　　)

(4) 모든 나라가 AI 창작물을 인간의 창작물로 인정한다. (　　　)

2 밑줄 친 곳에 들어갈 알맞은 어휘를 보기 에서 골라 적으세요.

보기	생성, 창작물, 논쟁, 규제

(1) 이 그림은 내가 직접 만든 소중한 (　　　　　)이다.

(2) 숙제를 모바일로 해도 되는지 반 친구들 사이에 (　　　　　)이 벌어졌다.

(3) 놀이공원은 안전을 위해 탑승 인원을 제한하는 (　　　　　)를 실시했다.

(4) 이 AI 프로그램은 사진을 자동으로 (　　　　　)한다.

3 괄호 안에 알맞은 낱말을 넣어, 기사를 완성해 보세요.

내가 뽑은 제목:

(　　　　　)형 AI는 조건을 입력하면 노래나 그림을 손쉽게 만들어 줘요. 하지만 AI가 만든 결과물을 누구의 (　　　　　)로 볼지는 계속 논쟁거리지요. 대부분의 나라는 AI 작품에 (　　　　　)을 인정하지 않지만, 인간이 직접 참여한 부분은 인정해요. 전문가들은 창작자 보호를 위한 법적 (　　　　　)가 필요하다고 말해요.

AI가 만든 창작물, 저작권을 인정해야 할까?

현재 우리나라 저작권법에서는 생성형 AI가 만든 콘텐츠를 저작물로 인정하기 어려워요. 저작권은 인간이 자신의 생각이나 감정, 경험을 담아 만든 창작물에만 부여되기 때문이에요. 다만 영화 〈AI 수로부인〉처럼 인간이 제작 과정에 참여한 경우에는 저작권을 인정하기도 해요. 그렇다면 AI가 만든 창작물의 저작권은 어디까지 인정해야 할까요?

A 창작은 인간만이 할 수 있는 고유한 영역이에요. AI 작품은 새로워 보이지만, 결국 인간이 만든 데이터를 바탕으로 만들어진 거예요. 그러니 인간이 시간과 노력을 들여 만든 창작물만 저작권으로 보호받아야 해요.

B AI는 혼자서 콘텐츠를 만들 수 없어요. 반드시 인간이 명령어를 입력해야 하죠. 즉, AI 작품도 인간의 창의적인 생각에서 시작된다고 볼 수 있어요. 생성형 AI는 디지털 시대의 새로운 창작 도구예요. 따라서 AI로 만든 작품도 저작권을 인정해야 해요.

C <AI 수로부인>처럼 인간이 제작에 기여한 부분은 저작권을 인정하는 것이 옳다고 생각해요. 기술적인 작업은 AI가 도와줄 수 있지만, 작품의 방향과 완성도는 인간의 선택에 따라 달라지기 때문이에요.

D AI 시대에 맞는 새로운 저작권 제도가 필요하다고 생각해요. AI를 전혀 사용하지 않은 작품과 AI의 도움을 받아 만든 작품을 구분해, 각각 다른 기준의 저작권을 적용하는 거예요. 그래야 인간의 창작물과 AI 창작물 모두 공정하게 보호할 수 있지 않을까요?

내 생각 정리하기

건강한 사람 똥을 이식하자, 불안감이 사라졌다!

바야흐로 똥이 약이 되는 시대가 됐어요. 캐나다 캘거리대학교 연구팀은 약으로도 좋아지지 않던 우울증 환자에게 건강한 공여자의 대변을 이식하는 대변 이식술 실험을 했어요. 그 결과, 오랫동안 심한 우울증을 앓던 환자가 일주일 만에 불안감이 줄고 기분이 좋아졌다고 해요.

연구팀은 "이번 실험은 장내 미생물 치료가 우울감과 불안감을 개선할 수 있다는 근거"라고 설명했어요. 실험에 참여한 환자도 "다 나은 것 같은 기분"이라고 말했지요.

이 치료법은 '분변 이식술'이라고도 불려요. 건강한 사람의 대변 속 미생물을 환자의 장에 넣어, 해로운 병원균은 줄이고 도움이 되는 이익균은 늘려 장내 미생물 균형을 맞추는 방식이에요. 이 방법은 과거에도 과민성 대장 증후군이나 염증성 장 질환 치료에 쓰였어요. 최근에는 노화나 당뇨, 자폐증 같은 질환에도 효과가 있다는 연구 결과가 속속 나오고 있어요.

다만 장내 미생물이 정신 건강에 어떻게 영향을 미치는지는 아직 완전히 밝혀지지 않았어요. 과학자들은 장과 뇌가 서로 연결되어 있어, 장내 미생물이 뇌 건강에도 영향을 줄 가능성이 크다고 보고 있어요.

알쏭달쏭 어휘 사전

- **바야흐로** 이제 한창 또는 지금 바로.
- **공여자(供與者)** 장기나 피, 골수 등을 다른 사람에게 주는 사람.
- **이식(移植)** 몸의 조직이나 장기를 떼어 내어 다른 곳에 옮겨 붙이는 일.
- **미생물(微生物)** 세균처럼 눈으로는 보이지 않을 만큼 작은 생물.
- **분변(糞便)** 사람이나 동물이 내보내는 찌꺼기.

문해력을 높여 주는 배경지식

대변 이식술은 어떻게 진행될까?

먼저 건강한 사람의 대변이 필요해요. 기증받은 대변에서 인체에 도움이 되는 장내 세균만 골라 액체로 만든 뒤, 내시경으로 대장에 넣어요. 최근에는 대변 속 유익균을 알약 형태로 만들어, 시술 없이 복용만으로 치료 효과를 얻기도 해요. 대변 이식술은 치료 성공률이 70~90퍼센트로 높은 편이에요.

우리 몸속에 미생물이 산다고?

사람의 장에는 약 38조 마리의 미생물이 살고 있어요. 이 미생물들은 음식을 소화하고 영양분을 흡수하도록 도와줘요. 또 면역을 조절하는 등 건강을 지키는 데 중요한 역할을 해요. 미생물에는 유산균처럼 몸에 도움이 되는 유익균도 있고, 살모넬라균이나 일부 대장균처럼 질병을 일으키는 유해균도 있어요. 이들은 서로 영향을 주며 작은 생태계를 이루지요. 과학자들은 유익균과 유해균의 균형이 깨지면 여러 질병이 생길 수 있다고 말해요.

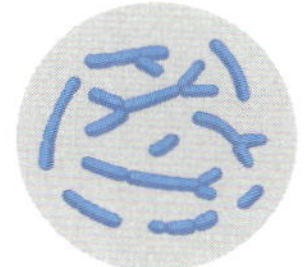
비피도박테리아균
(장에 좋은 유산균)

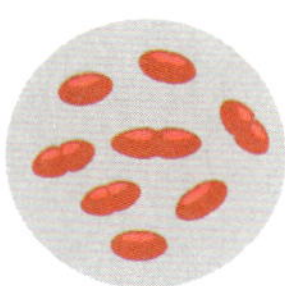
엔테로코쿠스균
(소화를 돕는 균)

락토바실러스균
(요구르트에 들어 있는 유산균)

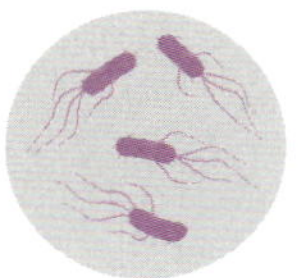
대장균
(대장에 사는 균)

몸속 미생물 종류

옛날부터 똥을 약으로 썼다고?

《동의보감》에는 조선의 임금 영조가 '마분차'를 마셨다는 기록이 남아 있어요. 마분차는 말똥을 말려 끓인 차로, 소화에 도움이 된다고 여겼어요. 중국에서도 오래전부터 '황룡탕'이라는 대변을 이용한 약을 설사 치료에 사용하는 등 똥을 약재로 활용한 여러 기록이 남아 있답니다.

더 생각해 보기

똥을 저축하는 은행이 있다고?

골수나 혈액을 보관하는 은행처럼, 대변을 기증받아 보관하는 '대변 은행'도 있어요. 대변 이식술에 쓰일 건강한 대변을 모아 검사하고 깨끗하게 처리해 보관하는 곳이에요. 이렇게 준비한 대변은 액체로 만들어 영하 80도에서 냉동해 보관해요. 우리나라에서는 2017년에 아시아 최초로 대변 은행이 설립됐어요.

자신감을 더해 주는 어휘 퀴즈

1 기사 내용과 같으면 ○, 다르면 × 표시를 하세요.

(1) 대변 이식술은 건강한 사람의 대변을 이용한 치료법이다. ( )

(2) 장내 미생물은 모두 몸에 해로운 균이다. ( )

(3) 대변 이식술은 장 속 균의 균형을 맞추는 데 목적이 있다. ( )

(4) 대변 이식술로 우울감이나 불안이 줄어든 사례가 있다. ( )

2 밑줄 친 곳에 들어갈 알맞은 어휘를 보기 에서 골라 적으세요.

보기	바야흐로, 이식, 미생물, 분변

(1) 흙 속에는 눈에 보이지 않는 다양한 ( )이 살고 있다.

(2) 건강한 나뭇가지를 ( )해 병든 나무를 다시 살렸다.

(3) ( ) 봄이 시작되어 꽃들이 피기 시작했다.

(4) 동물원에서는 ( )을 모아 따로 처리해 악취가 나지 않게 한다.

3 괄호 안에 알맞은 낱말을 넣어, 기사를 완성해 보세요.

내가 뽑은 제목: ______________________

연구팀은 건강한 ( )의 대변 속 ( )을 우울증 환자에게 이식하는 실험을 했어요. 대변 ( )을 받은 환자는 불안이 줄고 기분이 좋아졌다고 말했지요. 이 치료는 해로운 병원균을 줄여 장내 미생물 ( )을 바로잡는 방식으로, 여러 질환에 효과가 있다는 보고도 있어요. 다만 장과 뇌의 관계는 더 연구가 필요해요.

대변 이식술에 동물 실험을 해도 될까?

장내 미생물이 정신 건강에 어떤 영향을 미치는지 알아보기 위해 대변 이식술 실험이 진행됐어요. 이 실험에는 인간 대신 쥐를 이용했어요. 우울증 환자의 분변을 쥐에게 투여하자, 쥐도 우울하고 불안한 행동을 보였지요. 이 연구는 의미 있는 성과로 평가되지만, 동물 실험이라는 점에서 윤리적 논란도 있어요. 이런 연구를 위해 동물 실험을 계속해야 할까요?

A 새로운 약물이나 시술이 안전한지 확인하려면 동물 실험이 꼭 필요해요. 미리 부작용을 살펴봐야 인간이 더 안전하게 치료를 받을 수 있기 때문이에요. 특히 장내 미생물처럼 몸 전체에 영향을 주는 연구는 사전 검증이 더 중요해요.

B 동물도 인간처럼 고통 없이 살 권리가 있어요. 동물 실험은 이런 권리를 침해하고, 동물에게 큰 고통과 스트레스를 줘요. 연구를 위해 동물에게 고통을 주는 것이 올바른지 다시 생각해 봐야 해요.

C 동물에게 원치 않는 고통을 주는 만큼, 실험에는 엄격한 규제와 윤리 기준이 필요해요. 또 동물 실험이 꼭 필요하지 않다면, 과감히 줄이거나 없애야 한다고 생각해요. 컴퓨터 모의실험이나 인공 장기를 이용한 실험도 있으니까요.

D 동물 실험 결과가 인간에게 그대로 적용된다는 보장은 없어요. 동물과 인간의 몸은 다르니까요. 그래서 동물 실험만으로 치료 효과를 판단하는 데는 한계가 있어요. 그러니 꼭 동물 실험을 고집할 이유가 없지 않을까요?

내 생각 정리하기

유럽 곳곳에 번지는 '과잉 관광' 반대 시위

세계적인 관광지로 유명한 스페인, 포르투갈, 이탈리아 등 유럽 남부 국가에서 '과잉 관광'에 반대하는 시위가 잇따르고 있어요.

2025년 6월, 스페인 바르셀로나 시내에서는 수백 명의 시민이 "관광객은 집으로 돌아가라" "당신들의 휴가는 우리의 고통"이라는 문구가 적힌 현수막을 들고 시위에 나섰어요. 일부 시민은 관광객에게 물총을 쏘거나 호텔 출입구를 테이프로 봉쇄하려다 직원들과 실랑이를 벌이기도 했어요. 한 시민은 "관광객이 늘면서 우리가 살 집이 사라지고 있다"며 불만을 털어놓았지요.

오버투어리즘(Over Tourism)이라고도 부르는 '과잉 관광'은 한 지역에 너무 많은 관광객이 몰리는 현상을 말해요. 바르셀로나의 인구는 약 160만 명인데, 2024년 한 해에 방문한 관광객은 2천 600만 명을 넘었어요. 관광객은 지역 경제에 도움이 되기도 하지만, 수가 지나치게 늘면 현지인은 집값 상승과 교통 혼잡, 쓰레기 증가 등으로 일상생활에 큰 불편을 겪어요. 이런 문제에 지친 주민들이 결국 거리로 나선 거예요.

시위 이후 바르셀로나시에서는 과잉 관광 문제를 해결하기 위해 구엘 공원 등 일부 관광지에 사전 예약제를 도입하고, 불법 임대 숙소를 강하게 단속하는 등 대책을 마련하고 있어요.

알쏭달쏭 어휘 사전

- **과잉**(過剩) 필요보다 지나치게 많음.
- **시위**(示威) 많은 사람이 모여 의견을 드러내는 집회나 행진.
- **봉쇄**(封鎖) 드나들지 못하게 막음.
- **현지인**(現地人) 그 지역에 살고 있는 사람.
- **단속**(團束) 규칙을 지키도록 살피고 통제함.

문해력을 높여 주는 배경지식

과잉 관광은 왜 생길까?

전문가들은 코로나19 이후 여행 수요가 한꺼번에 폭발했기 때문이라고 말해요. 오랫동안 이동이 제한되며 쌓인 여행 욕구가 한꺼번에 터진 것이지요. 또한 세계 경제가 성장하면서 해외여행을 다니는 사람이 늘었고, 항공권이 저렴해지며 여행이 더 쉬워졌어요. SNS의 영향도 커요. 잘 알려지지 않았던 장소가 '핫 플레이스'로 소개되면, 갑자기 많은 사람이 몰리며 지역에 큰 피해를 주기도 해요.

과잉 관광에 맞서는 도시들

주민들의 불편이 커지자 도시는 다양한 대책을 내놓고 있어요. 일본 교토는 숙박비를 올리고, 외국인에게 박물관이나 미술관 입장료를 더 받는 이중 요금제를 추진했어요. 우리나라 북촌 한옥 마을은 오전 10시부터 오후 5시까지만 관광객 출입을 허용해요. 이탈리아 베네치아는 관광세를 인상해 당일치기 관광객에게도 10유로(한화 약 1만 5천 원)의 입장료를 받아요. 관광세는 도시 관리와 환경을 지키는 데 쓰이지요. 필리핀 보라카이는 2018년, 훼손된 자연을 되살리기 위해 6개월 동안 관광을 금지하기도 했어요.

지역을 살리는 공정 여행

과잉 관광의 또 다른 해결책은 '공정 여행'이에요. 공정 여행은 환경과 문화를 존중하며 지역 사회에 도움을 주는 여행 방식이에요. 여행을 준비할 때부터 돌아올 때까지 지역과 사람을 배려해요. 현지인이 운영하는 숙소와 식당을 이용하고, 지역 특산품을 구매해 지역 경제에 기여하지요. 여행 전에는 그 지역의 문화와 역사를 알아보고, 여행하면서는 예의를 지켜 행동해요. 일회용품 사용을 줄여 환경 피해를 최소화하려는 태도 역시 공정 여행자의 모습이에요.

더 생각해 보기

다크 투어리즘이란 무엇일까?

다크 투어리즘(Dark Tourism)은 전쟁이나 재난, 사고처럼 아픈 역사가 벌어졌던 장소를 찾아가 배우는 여행이에요. 독일의 아우슈비츠 수용소, 일본의 히로시마 평화기념관, 우리나라의 서대문 형무소가 대표적이에요. 이곳을 찾는 이유는 즐기기 위해서가 아니라, 과거의 고통을 기억하고 같은 비극이 반복되지 않도록 배우기 위해서예요. 그래서 다크 투어리즘을 할 때는 사진 촬영이나 행동을 조심해야 해요.

자신감을 더해 주는 어휘 퀴즈

1 기사 내용과 같으면 ○, 다르면 × 표시를 하세요.

(1) 과잉 관광은 관광객이 너무 많이 몰리는 현상을 말한다. (　　　)

(2) 바르셀로나의 인구는 2024년 방문한 관광객보다 훨씬 많다. (　　　)

(3) 시위에 나선 일부 시민들은 호텔 출입구를 막으려고 했다. (　　　)

(4) 바르셀로나시는 문제 해결을 위해 불법 임대를 허용했다. (　　　)

2 밑줄 친 곳에 들어갈 알맞은 어휘를 보기 에서 골라 적으세요.

보기	과잉, 시위, 봉쇄, 단속

(1) 사람들이 공원에서 환경을 보호하자고 (　　　　　　)를 벌였다.

(2) 전염병 때문에 도시가 (　　　　　　)됐다.

(3) 감기인데 검사만 잔뜩 하는 건 (　　　　　　) 진료다.

(4) 경찰이 도심에서 음주 운전을 (　　　　　　)했다.

3 괄호 안에 알맞은 낱말을 넣어, 기사를 완성해 보세요.

내가 뽑은 제목:

유럽 남부 국가에서는 (　　　　　)이 너무 많아 발생하는 과잉 관광에 반대하는 목소리가 커지고 있어요. 바르셀로나에서는 수백 명의 시민이 (　　　　　)에 나섰어요. 관광은 경제에 도움이 되지만 주거비 상승, (　　　　　) 혼잡, 쓰레기 증가 같은 문제를 일으켜요. 이를 해결하기 위해 바르셀로나시는 관광지 예약제를 도입하고 불법 숙소를 (　　　　　)하고 있어요.

관광세로 과잉 관광이 해결될까?

과잉 관광을 줄이기 위해 세계 곳곳에서 관광세를 도입하고 있어요. 포르투갈 리스본은 4유로(한화 약 7천 원), 인도네시아 발리는 15만 루피아(한화 약 1만 3천 원)을 받아요. 그리스 산토리니는 크루즈 관광객에게 최대 20유로(한화 약 3만 2천 원)를 받지요. 그런데 관광세만으로 과잉 관광 문제를 해결할 수 있을까요?

A 관광세가 비싸지면 여행이 망설여져요. 꼭 가고 싶은 사람만 방문하니 관광객 수가 줄어들 거예요. 실제로 베네치아는 크루즈 관광객 수가 예전보다 감소했다는 이야기도 있어요.

B 관광세는 해외여행 비용에 비하면 큰 부담이 아닐 수 있어요. 평생 가 보고 싶은 곳이라면 돈을 더 내더라도 방문하겠지요. 그래서 관광객 수는 크게 줄지 않고, 주민 불편도 계속될 것 같아요.

C 관광세를 도시 정비나 환경 보호에 사용하면 주민 불편을 줄일 수 있다고 생각해요. 청소 인력을 늘리거나 교통 시설을 개선하면 과잉 관광으로 생기는 문제를 완화할 수 있어요. 이런 방식은 지역 사회에도 도움이 될 거예요.

D 관광세가 도움이 될 수 있지만, 근본적인 해결책은 아니에요. 관광객 수를 제한하거나 관광지를 여러 지역으로 나누는 정책이 더 효과적일 수 있어요. 관광객이 한곳에 몰리는 것이 과잉 관광의 가장 큰 원인이기 때문이에요.

내 생각 정리하기

'귀뚜라미 피자'를 판다고? 이탈리아, 식용 곤충 가루 판매 허가

2024년 이탈리아 정부가 식용 곤충 가루 판매를 공식적으로 허가했어요. 그동안 이탈리아에서는 동물 사료용 곤충 가루만 판매했는데, 최근 정책이 바뀌어 식용으로도 사용할 수 있게 되었지요.

변화는 2023년 초, 유럽 연합(EU)이 귀뚜라미와 메뚜기, 검은딱정벌레 유충 등 식용 곤충의 판매 허가 계획을 발표하면서 시작됐어요. 이후 이탈리아에서는 전통 음식인 피자와 파스타에 곤충 재료를 사용할지를 두고 논쟁이 일었어요. 당시 한 장관은 "이탈리아 음식에 곤충 재료를 섞어서는 안 된다"고 반대 입장을 피력하기도 했지요.

같은 해 말, EU는 식용 곤충 판매 관련 법안을 공식화했어요. 이에 따라 이탈리아 정부도 원산지와 성분 표기를 엄격히 관리하는 조건으로 식용 곤충 판매를 허가했어요. 그 결과, 한 식용 곤충 회사가 개발한 곤충 가루가 이탈리아에서 처음으로 판매 허가를 받았어요. 회사 대표는 "귀뚜라미 가루는 호박씨와 헤이즐넛, 새우를 섞은 듯한 풍미가 있다"고 설명했지요.

곤충은 단백질과 비타민이 풍부해 '미래 식량'으로 주목받고 있지만, 식용 곤충을 둘러싼 정책은 나라별로 달라요. 우리나라는 식용 누에와 메뚜기 등 10종의 곤충을 식용으로 허가하고 있어요.

알쏭달쏭 어휘 사전

- **식용**(食用) 먹을 수 있게 만든 것.
- **피력**(披瀝) 마음속 생각을 솔직히 드러내어 말함.
- **공식화**(公式化) 일정한 형식이나 방식으로 정해짐.
- **성분**(成分) 어떤 물질을 이루는 요소나 재료.
- **풍미**(風味) 깊고 훌륭한 음식의 맛.

동물성 단백질, 식물성 단백질, 곤충 단백질은 어떻게 다를까?

단백질은 우리 몸의 뼈와 근육, 내장 조직을 이루는 중요한 영양소예요. 콩이나 귀리 같은 식물성 음식에서도 얻을 수 있고, 소고기나 달걀, 생선처럼 동물성 음식에도 들어 있어요. 보통 동물성 단백질은 식물성보다 단백질 함량과 필수 아미노산이 풍부한 편이에요. 최근에는 곤충 단백질도 새로운 영양 공급원으로 주목받고 있어요. 소고기 100그램에는 단백질 약 21그램이 있는데, 귀뚜라미 100그램에는 약 70그램에 달하는 단백질이 있어요. 또 곤충은 가축을 기를 때보다 온실가스를 덜 배출하고, 좁은 공간에서 적은 사료로 키울 수 있다는 장점이 있어요.

전 세계가 이미 곤충을 먹고 있다고?

우리나라 식품의약품안전처가 허가한 식용 곤충에는 메뚜기, 갈색거저리 유충, 쌍별귀뚜라미, 식용 누에, 수벌 번데기, 장수풍뎅이 유충 등 모두 10종이 있어요. 세계적으로는 약 128개국에서 2천 종이 넘는 곤충을 먹고 있어요. 곤충 소비가 많은 나라는 멕시코, 태국, 인도, 중국, 일본 등이에요. 메뉴도 튀긴 메뚜기나 애벌레 타코, 개미를 넣은 요리 등 다양해요. 우리나라에서도 청주의 한 고등학교에서 곤충 요리가 급식 반찬으로 나온 적이 있어요.

곤충으로 비료, 사료, 플라스틱까지 만든다고?

곤충은 천연 비료나 연어 사료로도 활용돼요. 더 나아가 곤충에서 뽑은 성분으로 '바이오 플라스틱'을 만드는 연구도 진행 중이에요. '동애등에'에서 얻은 키틴 성분으로 만든 바이오 플라스틱은 자기 무게의 47배에 이르는 물을 흡수해 저장할 수 있어요. 폭우 때 물을 빨아들이고, 가뭄에 물을 내보내는 소재로 활용할 수 있지요. 또 땅에 묻으면 미생물이 분해해 자연으로 돌아가는 '생분해 소재'라서 친환경 재료로 주목받아요.

더 생각해 보기

미래 식량, 무엇이 있을까?

인구는 늘고 지구 자원은 줄어들면서 미래 식량을 찾는 연구가 활발해지고 있어요. 식용 곤충은 단백질이 풍부하고 사육 조건이 까다롭지 않아 미래 식량으로 주목받고 있어요. 온실가스를 적게 배출하고 비용도 덜 들지요. 실험실에서 기르는 '배양육'도 있어요. 동물의 줄기세포로 만든 인공 고기로, 환경을 보호하고 동물 복지 문제를 개선할 수 있어요. 콩이나 버섯으로 만든 식물성 고기, 클로렐라 같은 미세 조류와 해조류도 영양이 풍부한 미래 식량으로 꼽혀요.

자신감을 더해 주는 어휘 퀴즈

1 기사 내용과 같으면 ○, 다르면 × 표시를 하세요.

(1) 식용 곤충 가루는 이탈리아 정부가 판매를 승인한 제품이다. (　　　)

(2) 유럽 연합은 식용 곤충 판매를 금지하는 정책을 발표했다. (　　　)

(3) 이탈리아는 성분 표기를 조건으로 식용 곤충 판매를 허가했다. (　　　)

(4) 귀뚜라미 가루는 맛과 향이 거의 없는 재료다. (　　　)

2 밑줄 친 곳에 들어갈 알맞은 어휘를 보기 에서 골라 적으세요.

보기	식용, 피력, 성분, 풍미

(1) 이 빵은 천연 (　　　　　　)으로 만들어 안심하고 먹을 수 있다.

(2) 아이는 자신의 생각을 솔직히 (　　　　　　)하며 걱정을 털어놓았다.

(3) 이 지역의 버섯은 (　　　　　　)가 깊어 많은 미식가가 찾는다.

(4) 이 열매는 독성이 없어 (　　　　　　)으로 사용할 수 있다.

3 괄호 안에 알맞은 낱말을 넣어, 기사를 완성해 보세요.

내가 뽑은 제목: ______________________

이탈리아는 유럽 연합(EU) 정책에 따라 원산지와 (　　　　　) 표기를 조건으로 (　　　　　) 곤충 가루 판매를 허가했어요. 일부에서는 전통 음식에 곤충 재료를 넣어서는 안 된다며 반대 의견을 피력하기도 했지요. 최초 승인 제품은 귀뚜라미 가루로, 회사 대표는 호박씨와 헤이즐넛, 새우를 합친 듯한 (　　　　　)가 난다고 설명했어요. 곤충은 영양이 풍부해 미래 (　　　　　)으로 주목받고 있어요.

우리 학교 급식에 식용 곤충이 나와도 될까?

2023년 일본의 한 고등학교에서는 귀뚜라미 가루를 활용한 음식을 학교 급식으로 제공했어요. 미래 식량 문제에 대비하자는 취지였지만, 거부감이 들고 안전성이 우려된다는 의견도 나왔지요. 만약 우리 학교 급식 메뉴에 식용 곤충 음식이 나온다면 어떨까요?

A 절대 반대예요. 아무리 몸에 좋고 미래 식량으로 가치가 있어도, 저는 아직 받아들일 준비가 되지 않았어요. 급식은 매일 먹는 음식인 만큼, 학생들의 정서를 먼저 고려해야 한다고 생각해요.

B 급식 메뉴로 내놓기 전에 먼저 체험해 보면 거부감을 줄일 수 있어요. 실제로 어린이를 대상으로 한 곤충 피자 체험 프로그램이 있어요. 체험해 본 아이들 반응도 좋았다고 해요. 강요하기보다 경험한 뒤에 선택하는 방식이 더 바람직하다고 생각해요.

C 미래에 식용 곤충을 먹는 시대가 온다면, 지금부터 조금씩 익숙해져야 하지 않을까요? 환경과 식량 부족 문제를 생각하면 새로운 식재료를 경험해 보는 것도 중요해요.

D 우리 학교에는 선택 급식 메뉴가 있어요. 매운 떡볶이와 궁중 떡볶이 중에서 고르는 식이지요. 식용 곤충 메뉴도 선택 급식으로 나온다면, 개인의 취향과 선택을 존중하면서도 새로운 시도를 해 볼 수 있다고 생각해요.

내 생각 정리하기

우리나라의 설계도, 대한민국 헌법

유구한 역사와 전통에 빛나는 우리 대한민국은 3·1운동으로 건립된 대한민국 임시 정부의 **법통**과 불의에 **항거**한 4·19 민주 이념을 **계승**하고, … 1948년 7월 12일에 제정되어 8차에 걸쳐 개정된 헌법을 이제 국회의 **의결**을 거쳐 국민 투표로 개정한다.

제1장 총강

제1조 ① 대한민국은 민주 공화국이다.

② 대한민국 주권은 국민에게 있고, 모든 권력은 국민으로부터 나온다.

제2조 ① 대한민국의 국민이 되는 요건은 법률로 정한다.

② 국가는 법률이 정하는 바에 의하여 **재외 국민**을 보호할 의무를 진다.

제3조 대한민국 영토는 한반도와 그 부속 도서로 한다.

제4조 대한민국은 통일을 지향하며, 자유 민주적 기본 질서에 입각한 평화적 통일 정책을 수립하고 이를 추진한다.

제5조 ① 대한민국은 국제 평화의 유지에 노력하고 침략적 전쟁을 부인한다. …

* 현재 헌법은 1987년 제9차 개정 헌법이에요.

어휘

법통(法統) 법이나 제도가 이어져 내려온 흐름.

항거(抗拒) 순종하지 않고 반항함.

계승(繼承) 조상의 전통을 물려받아 이어 나감.

의결(議決) 함께 의논해 결정함.

재외 국민(在外國民) 다른 나라에 살면서 우리나라 국적을 가진 사람.

중심 내용 요약하기

이해력을 키우는 배경지식

대한민국 헌법에는 어떤 내용이 담겼을까?

헌법은 우리나라 법 가운데 가장 중요한 '최고의 법'이에요. 다른 모든 법과 제도는 헌법을 바탕으로 만들어져요. 헌법 제1조는 우리나라가 '민주 공화국'임을 밝히며, 나라의 근본 원칙을 제시해요. 또 헌법에는 국민이 누릴 권리와 반드시 지켜야 할 의무가 정해져 있어요. 국민의 기본권에는 평등권, 자유권, 참정권, 청구권, 사회권이 있고, 의무로는 교육·납세·근로·국방의 의무 등이 있어요. 이 밖에도 국가를 운영하는 기관과 그 역할이 헌법에 담겨 있지요. 이런 점에서 헌법은 '국가의 설계도'라고 할 수 있어요.

헌법 제1조를 보면 그 나라를 알 수 있다고?

각 나라는 헌법 제1조에 가장 중요하게 여기는 가치를 담아요. 우리나라와 프랑스는 나라의 성격을 밝히고, 독일은 '인간의 존엄'을 가장 먼저 선언하고 있어요. 미국은 의회의 입법권을, 일본은 천황의 지위를 설명하지요.

역사 속 사건 알아보기

제헌절은 조선 건국일과 같은 날

대한민국 헌법은 광복 이후인 1948년 7월 17일에 공포되었어요. 제헌절은 이를 기념하는 날로, 우리나라가 헌법에 기초한 민주 공화국으로 출발한다는 의미가 있어요. 흥미롭게도 이 날짜는 1392년 태조 이성계가 조선을 세운 날이기도 해요. 그래서 제헌절은 과거 역사와 오늘의 대한민국을 잇는 기념일이지요.

인물 상식

헌법을 만든 '제헌 국회'

광복 이후 우리나라는 가장 먼저 국회를 세웠어요. 1948년, 국민이 뽑은 의원들이 처음으로 연 국회를 '제헌 국회'라고 해요. 제헌 국회는 헌법을 만들고, 정부 수립과 주요 법 제정을 준비하며 새 나라의 틀을 세웠어요. 국민의 대표가 나라의 첫 법을 만든 만큼, 제헌 국회는 우리 민주주의의 출발점이에요.

생각을 여는 문해력 테스트

1 헌법에 대한 설명이 옳으면 ○, 다르면 × 표시를 하세요.

(1) 헌법은 우리나라 법 중에서 가장 높은 지위의 법이다. ( )

(2) 헌법에는 국민의 의무는 없고 권리만 정해 놓았다. ( )

(3) 헌법 제1조는 우리나라가 민주 공화국임을 밝힌다. ( )

2 밑줄 친 곳에 들어갈 알맞은 어휘를 보기 에서 골라 적으세요.

보기	항거, 계승, 의결, 재외 국민

(1) 회의에서 모두의 의견을 모아 안건을 ( )했다.

(2) 다른 나라에 사는 우리나라 국적의 사람을 ( )이라고 한다.

(3) 우리는 조상들이 남긴 전통문화를 ( )해야 한다.

(4) 부당한 명령에 모두가 굴복하지 않고 ( )했다.

생각을 확장하는 글쓰기

학교나 집에서 지키고 싶은 나만의 '작은 헌법'을 만들어 보세요.

2주 차

#주4일제
#가족형태
#헬퍼스하이
#바비인형
#꿀벌
#선언문

"아빠, 정말 출근 안 해요?" 주 4일제 바람이 분다

주 5일제가 도입된 지 20여 년 만에 우리나라 노동 시장에 새바람이 불고 있어요. 시작은 21대 대통령 선거에서 나온 **공약**이었어요. 당시 후보였던 이재명 대통령은 "한국의 평균 근로 시간을 경제협력개발기구(OECD) 평균 이하로 낮추겠다"며 주 4.5일제 도입을 공약으로 내세웠지요.

2024년 OECD 국가별 1인당 연간 근로 시간

우리나라 근로자의 연평균 근로 시간은 2024년 기준 1,859시간으로, OECD 평균인 1,717시간보다 142시간이나 길어요. OECD 회원국 가운데 한국보다 노동 시간이 긴 나라는 다섯 곳뿐이에요. 이런 긴 노동 시간은 근로자의 삶의 질은 물론 경제 활력까지 **저해**해요.

정부도 공약이 정책으로 이어지도록 노력하고 있어요. 일부 기업은 이미 주 4일제나 4.5일제를 도입했지요. 한 업체는 매출이 72퍼센트나 늘었고, 다른 회사는 **채용** 경쟁률이 3배 이상 높아졌다고 밝혔어요. 한 기업의 설문 조사에서는 주 4일제에 대해 직원의 93.5퍼센트가 '만족한다', 94.1퍼센트가 '삶의 질이 향상됐다'고 답했어요. 제주도와 울산 등 일부 지자체도 **유연** 근로제를 활용해 주 4.5일제를 운영해요.

하지만 주 4일제가 완전히 자리 잡기까지 해결해야 할 과제도 **산적**해 있어요. 근로자는 적게 일해도 같은 임금을 받길 바라지만, 고용주는 비용 부담이나 생산성 저하를 걱정할 수밖에 없어요. 기업마다 규모와 환경이 달라 같은 기준으로 주 4일제를 시행하기도 쉽지 않지요.

알쏭달쏭 어휘 사전

- **공약**(公約) 정부나 후보가 국민에게 꼭 하겠다고 약속한 일.
- **저해**(沮害) 막아서 하지 못하게 함.
- **채용**(採用) 사람을 뽑아 일하게 함.
- **유연**(柔軟) 부드럽고 연하다.
- **산적**(山積) 물건이나 일이 산더미처럼 쌓임.

우리나라보다 먼저 주 4일제를 도입한 나라

전 세계적으로 주 4일제를 도입하는 나라가 늘고 있어요. 영국은 2022년 61개 기업이 주 4일제를 시범 도입했는데, 직원들의 만족도와 생산성이 모두 높아졌어요. 그러자 대부분의 참여 기업이 주 4일제를 계속 시행하기로 했지요. 미국과 캐나다에서도 실험한 결과, 직원들의 행복감이 높아지고 업무 효율이 좋아졌지요. 이 밖에도 뉴질랜드, 포르투갈, 브라질 등 여러 나라가 주 4일제를 시범 운영 중이에요.

주 4일제에도 고민거리가 있다고?

주 4일제는 직원 만족도를 높이고, 워라밸(일과 삶의 균형)을 개선해요. 출퇴근 횟수가 줄어 환경 보호에도 도움이 되지요. 하지만 걱정도 있어요. 근로자는 이전보다 짧은 시간 안에 일을 끝내야 해 부담을 느낄 수 있어요. 회사는 생산성을 유지하려면 추가 인력을 뽑아야 해 비용이 늘어나고요. 또 주 4일제를 적용받지 못하는 사람은 차별받는다고 느끼기도 해요. 그래서 기업은 AI 등을 활용해 업무 효율을 높이고, 근로자는 집중력을 키우는 노력이 필요해요. 정부도 기업을 지원하는 제도를 마련해야 해요.

시대에 따라 변하는 근로 시간

나라마다 일주일에 일하는 시간을 정해 놓은 근로 시간 제도가 있어요. 우리나라는 1953년 법으로 '주 6일, 48시간 근무'를 정했어요. 2002년에는 공무원을 중심으로 주 5일제가 시범 운영됐고, 2004년부터 본격적으로 시행됐지요. 당시에는 "쉬는 날이 늘었다"며 반기는 사람도 있었지만, "업무가 밀릴까 걱정된다"는 목소리도 있었어요. 지금은 주 4일제나 주 4.5일제 도입을 논의하고 있어요. 기술이 발전하고 사람들이 삶의 질을 중시하게 되면서, 근로 시간도 함께 변화하는 거예요. 앞으로는 짧은 시간 동안 효율적으로 일하는 방식이 중요해질 거예요.

더 생각해 보기

세계에서 근로 시간이 가장 짧은 나라는?

네덜란드는 2025년 기준 일주일 평균 약 26.8시간만 일해, 세계에서 근로 시간이 가장 짧아요. 노르웨이와 덴마크처럼 다른 서유럽 국가들도 근로 시간이 30시간 안팎이에요. 유럽은 산업 혁명이 일찍 시작돼 기술 발전도 빨랐어요. 기계와 기술 덕분에 오래 일하지 않아도 일을 끝마칠 수 있는 환경을 조성했고, 근로 시간을 줄이려는 움직임도 빠르게 나타났지요. 여기에 복지 제도와 여가를 중시하는 문화가 더해져 지금과 같은 근로 시간이 자리 잡았어요.

자신감을 더해 주는 어휘 퀴즈

1 기사 내용과 같으면 ○, 다르면 × 표시를 하세요.

(1) 주 4.5일제는 한국의 긴 노동 시간을 줄이려는 방안이다. (   )

(2) 한국의 연평균 근로 시간은 OECD 평균보다 짧다. (   )

(3) 주 4일제를 도입한 기업은 채용 경쟁률이 높아지기도 했다. (   )

(4) 주 4일제는 모든 기업에서 이미 시행하고 있다. (   )

2 밑줄 친 곳에 들어갈 알맞은 어휘를 보기에서 골라 적으세요.

보기	저해, 채용, 유연, 산적

(1) 해야 할 숙제가 책상 위에 (   )해 있다.

(2) 이 회사는 신입 사원을 공개 (   ) 중이다.

(3) 친구는 몸이 (   )해 스트레칭을 잘한다.

(4) 지나친 규칙은 학생들의 창의성을 (   )할 수도 있다.

3 괄호 안에 알맞은 낱말을 넣어, 기사를 완성해 보세요.

내가 뽑은 제목: ____________________

한국은 OECD 국가 중에서도 (   ) 시간이 길어 근로자의 삶의 질과 경제 활력을 (   )하고 있어요. 이에 정부와 기업은 주 4일제와 4.5일제를 도입하며 변화를 시도했고, 한 기업은 시행 후 (   ) 경쟁률이 크게 올랐어요. 지자체도 (   ) 근로제를 실험 중이지만, 임금과 생산성 문제 등 해결해야 할 과제가 여전히 산적해 있어요.

학교도 주 4일제를 도입해야 할까?

사회적으로 근로 시간 단축을 위한 주 4일제 논의가 활발해요. 학교에서 일하는 선생님들도 주 4일 근무를 한다면, 학생들도 주 4일만 학교에 가게 될까요? 여러분은 학교 주 4일제에 대해 어떻게 생각하나요?

A 적극 찬성해요. 선생님들도 주 4일 근무를 하면 스트레스가 줄어들 거예요. 충분히 쉬고 나면 수업 준비도 더 잘할 수 있고요. 실제로 쉬는 시간이 늘면 집중력이 높아진다는 연구도 있다고 해요. 학생도 주 4일제를 한다면 수업에 더 집중할 수 있지 않을까요?

B 과연 그럴까요? 학교 수업 시간이 줄어들면 부족한 공부를 학원에서 채우려는 학생이 늘어날 거예요. 그러면 오히려 주말까지 학원을 다니게 될지도 몰라요. 그 결과 부모님들의 사교육비 부담이 커질 수 있어요.

C 모든 회사가 주 4일제를 할 수 없듯이, 학교도 예외여야 한다고 생각해요. 금요일부터 일요일까지 3일이나 등교하지 않으면 배운 내용을 잊기 쉬워요. 또 친구와 학교에서 함께 지내는 시간이 줄어들면 친구 관계에도 영향을 줄 수 있어요.

D 학교 수업을 주 4일로 줄이되, 하루는 교실이 아닌 다른 공간에서 배움을 이어 가는 방법도 있어요. 박물관 견학이나 체험 학습처럼 직접 보고 느끼는 활동은 교과 공부를 더 잘 이해하게 도와줘요. 이렇게 하면 학습 시간도 지키고, 배움의 방식도 다양해질 거예요.

내 생각 정리하기

1인 가구부터 조손 가족까지, 다양한 가족의 탄생

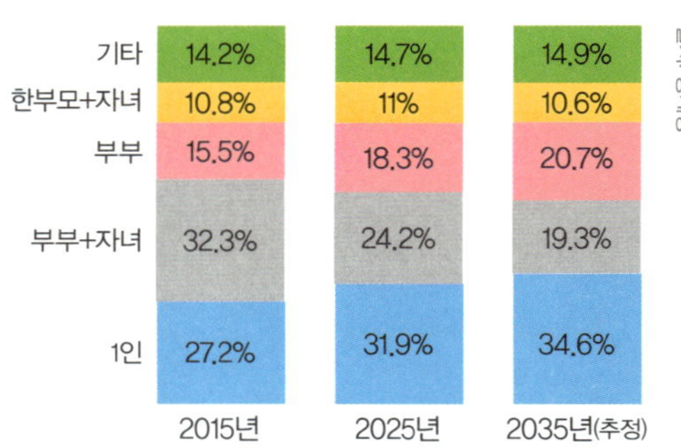

우리나라 가구 형태의 변화

주말 저녁, 개암이네 가족은 TV 앞에 모여 예능 프로그램을 봤어요. 혼자 사는 사람, 이혼 후 재혼한 사람, 결혼하지 않고 아이를 키우는 사람 등 여러 가족의 일상을 보여 주는 프로그램이었지요.

반려동물과 단둘이 살거나, 국적이 다른 두 사람이 결혼해 가족을 이룬 사례도 나왔어요. 조부모와 손자녀가 함께 사는 조손 가족도 눈길을 끌었지요. 이를 보던 개암이 부모님은 "우리나라도 가족의 형태가 정말 다양해지고 있구나" 하고 말했어요.

실제로 우리 사회의 가족 형태는 빠르게 변하고 있어요. 부부와 자녀 중심의 전통적인 가족 형태에서 벗어나, 새로운 가족 유형이 나타나지요. 특히 청년층의 혼인율이 낮아지고, 중·노년층의 황혼 이혼이 늘면서 1인 가구는 더욱 빠르게 증가하는 추세예요.

혈연이나 혼인 관계가 아닌 사람들이 함께 사는 비친족 가구도 점차 많아지고 있어요. 비친족 가구는 8촌 이내의 친족이 아닌 사람들이 모인 5인 이하 가구를 말해요. 주로 친구나 연인이 함께 생활하는 경우지요. 전문가들은 "시대가 달라지면 가족의 형태도 자연스럽게 변한다"며 "앞으로 새로운 가족 형태가 더 늘어날 것"이라고 전망해요.

알쏭달쏭 어휘 사전

- **국적(國籍)** 한 나라의 구성원이 되는 자격.
- **손자녀(孫子女)** 손자와 손녀를 함께 이르는 말.
- **유형(類型)** 비슷한 성질이나 특징을 묶은 한 가지 종류.
- **혈연(血緣)** 같은 핏줄로 이어진 관계.
- **친족(親族)** 부모, 형제, 자매 등 혼인이나 핏줄로 맺어진 가까운 가족.

문해력을 높여 주는 배경지식

가족의 형태가 달라지는 이유

예전에는 조부모와 친척까지 함께 사는 대가족이 많았어요. 하지만 산업과 교통이 발달하면서 사람들은 일과 학교를 따라 다른 지역으로 이동하게 되었지요. 또 개인의 삶과 선택을 중요하게 여기는 분위기가 퍼지며 가족 규모도 점점 작아졌어요. 그 결과 오늘날에는 부모와 미혼 자녀가 함께 사는 핵가족이 가장 흔해요. 여기에 혼자 사는 1인 가구, 자녀를 두지 않는 딩크족, 노인 부부만 사는 가구처럼 가족 형태도 다양해지고 있어요. 가족의 모습은 달라졌지만, 서로를 돌보고 함께 살아간다는 의미는 여전히 중요해요.

서로 맞는 사람끼리 모여 사는 공동체 가정

비친족 가구는 '공동체 가정'이라고도 불러요. 결혼이나 혈연이 아니라, 서로의 필요에 따라 같은 집에서 생활하는 사람들이에요. 개인 생활은 존중하면서 집안일이나 생활비는 나누고, 가족처럼 지내는 형태지요. 취미나 가치관이 비슷한 사람끼리 함께 살기도 하고, 노인 공동생활 가정처럼 외로움이나 건강 문제를 해결하려고 모이기도 해요.

법이 정한 가족의 범위

가족은 우리 사회를 이루는 가장 작은 공동체예요. 복지 서비스를 받을 권리나 세금을 내야 하는 의무도 보통 '가족'을 기준으로 정해요. 그래서 가족은 사회의 기본 단위라고 하지요. 우리나라는 기본적으로 배우자, 직계 혈족(부모와 자녀), 형제자매를 법률상 가족으로 인정해요. 자녀가 결혼하면 그 배우자도 가족에 포함돼요. 그렇다면 친구와 함께 산다고 해서 법적으로도 가족일까요? 아무리 오래 같이 살아도 친구는 법률상 가족이 아니에요. 가족처럼 생활해도, 법의 보호는 받기 어려워요.

더 생각해 보기

법적으로 보호받지 못하는 공동체 가정

가족의 형태가 다양해지면서, 법이 현실을 따라가지 못한다는 의견이 많아요. 함께 오래 살아도 법적으로 가족이 아니면 상속받을 수 없고, 대출도 어렵지요. 또 위급 상황에서 보호자로 인정되지 않아 의료 문제가 불거졌을 때 불이익을 겪기도 해요. 그래서 법적 가족의 범위를 넓혀, 다양한 가정이 차별받지 않도록 하자는 목소리가 커지고 있어요. '가족이란 무엇인가'를 다시 생각해 보자는 사회적 논의도 이어지고 있지요.

자신감을 더해 주는 어휘 퀴즈

1 기사 내용과 같으면 ○, 다르면 × 표시를 하세요.

(1) 요즘 우리 사회는 가족의 형태가 달라지고 있다. (　　　)

(2) 우리 사회에는 전통적인 가족 형태만 존재한다. (　　　)

(3) 1인 가구 증가는 혼인율 감소, 황혼 이혼과 관련이 있다. (　　　)

(4) 비친족 가구는 혈연이나 혼인 관계가 아닌 사람들로 이루어진다. (　　　)

2 밑줄 친 곳에 들어갈 알맞은 어휘를 보기 에서 골라 적으세요.

보기	국적, 손자녀, 유형, 친족

(1) 그는 다른 나라에서 태어났지만, 지금은 우리나라 (　　　　　　)을 얻었다.

(2) 할머니는 명절마다 (　　　　　　)들에게 줄 선물을 준비하신다.

(3) 이번 시험 문제는 지난번과 (　　　　　　)이 비슷하다.

(4) 우리 마을에는 여러 (　　　　　　)이 함께 사는 큰 집이 있다.

3 괄호 안에 알맞은 낱말을 넣어, 기사를 완성해 보세요.

내가 뽑은 제목: ______________________

요즘 우리 사회는 가족의 (　　　　　　)가 다양해지고 있어요. 국제결혼으로 다른 (　　　　　　)을 가진 사람이 함께 살거나, 조부모와 손자녀가 함께 지내는 가정도 많아졌지요. 또 중·노년층의 (　　　　　　) 이혼이 늘면서 1인 가구가 빠르게 증가하고, 혈연이 아닌 사람들이 함께 사는 (　　　　　　) 가구도 늘고 있어요.

생활 동반자법, 도입해야 할까?

2025년 9월, 22대 국회에서 '생활 동반자법'이 발의되었어요. 생활 동반자란 혈연이 아닌 성인 두 사람이 뜻이 맞아 함께 생활하고 서로 돌보는 관계를 말해요. 이 법은 생활 동반자 관계가 혼인과 비슷한 권리와 의무를 지닌다고 인정하는 제도지요. 다시 말해, 결혼이나 혈연으로 맺어지지 않더라도 생활 동반자가 되면 가족과 비슷한 권리를 가질 수 있어요. 이 법안은 지금도 찬반 의견이 팽팽해요.

A 가족 형태가 다양해지는 요즘에는 생활 동반자법이 필요하다고 생각해요. 결혼이나 혈연으로 맺어지지 않았더라도, 함께 살아가는 관계라면 법적인 보호와 혜택을 받을 수 있어야 해요. 그래야 모두가 동등하게 존중받는 사회가 될 수 있어요.

B 생활 동반자에게 가족과 비슷한 권리를 주면, 의료 결정이나 세금 감면, 주거 지원처럼 국가가 책임져야 할 범위도 넓어져요. 충분히 준비되지 않은 상태에서 제도를 도입하면 행정 혼란이나 세금 부담이 커질 수 있어요.

C 생활 동반자법이 시행되면 상속이나 세금 감면 같은 혜택을 노리고 제도를 악용하는 사람이 생길 수도 있어요. 진짜 가족 같은 관계가 아니라, 필요에 따라 형식적으로 가족 형태를 꾸리는 경우가 늘어난다면 또 다른 문제가 생길 거예요.

D 실제로 함께 생활하며 서로를 돌보는 관계인지 확인할 수 있는 구체적인 기준이 필요해요. 그래야 제도를 악용하는 문제를 줄이고, 꼭 필요한 사람들에게 도움을 줄 수 있어요.

내 생각 정리하기

도울수록 더 건강해진다고? 헬퍼스 하이 효과

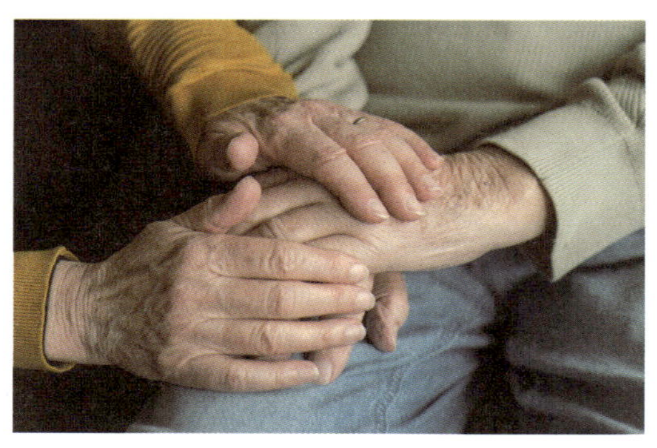

개암이는 매주 부모님과 함께 봉사 활동을 해요. 유기견 보호소에서 청소도 하고, 취약 계층을 위해 연탄도 날라요. 힘들어 그만두고 싶을 때도 있지만, 봉사를 마치고 나면 마음이 뿌듯하고 몸도 더 건강해진 느낌이 들어요.

이처럼 남을 돕고 기쁨과 행복을 느끼는 상태를 '헬퍼스 하이(Helper's High)'라고 해요. 기부나 자원봉사처럼 다른 사람에게 도움이 되는 일을 한 뒤 나타나는 긍정적인 감정이지요.

연구에 따르면 타인에게 친절을 베푸는 사람은 그렇지 않은 사람보다 스트레스가 적고, 몸도 더 건강하다고 해요. 미국 내과 의사 앨런 룩스를 비롯한 여러 과학자가 이를 밝혀냈지요. 헬퍼스 하이를 경험하면 기분을 좋게 하는 도파민, 엔도르핀, 세로토닌 같은 호르몬이 왕성하게 분비돼요.

특히 엔도르핀은 친절을 베풀 때 정상치의 3배 이상 분비돼요. '천연 진통제'라고 불릴 만큼 통증과 스트레스를 줄이고, 혈압과 콜레스테롤 수치를 낮추는 데도 도움을 주지요. 그래서 전문가들은 우울증 환자에게 기부나 자원봉사를 권하기도 해요. 친절은 도움을 받는 사람뿐 아니라, 도움을 주는 사람에게도 정신적, 신체적으로 긍정적인 영향을 주는 셈이지요.

알쏭달쏭 어휘 사전

- **취약 계층**(脆弱階層) 노인, 장애인 등 사회적으로 보호가 필요한 사람들.
- **왕성**(旺盛) 힘차고 매우 활발함.
- **분비**(分泌) 몸속 샘에서 만들어진 액체가 밖으로 나오는 일.
- **정상치**(正常値) 보통이라고 여겨지는 기준값.
- **진통제**(鎭痛劑) 아픈 느낌을 줄이거나 없애는 약.

문해력을 높여 주는 배경지식

호르몬이란 무엇일까?

호르몬은 우리 몸이 균형을 이루도록 신호를 보내는 화학 물질이에요. 인슐린은 당을 에너지로 바꾸고, 갑상샘 호르몬은 체온과 장기의 기능을 조절해요. 성장 호르몬은 뼈와 근육이 자라도록 돕지요. 또 멜라토닌은 잠을 자게 해 하루의 리듬을 맞춰 줘요. 호르몬은 혈액을 따라 몸속을 이동하며 필요한 곳에 신호를 보내요. 몸의 성장뿐 아니라 감정과 기분, 수면처럼 하루 동안 일어나는 거의 모든 활동에 관여해요.

우리 몸의 네 가지 행복 호르몬

엔도르핀, 세로토닌, 옥시토신, 도파민은 '행복 호르몬'으로 불려요. 이 호르몬들은 운동을 하거나 좋아하는 일을 할 때, 편한 사람과 함께 있을 때처럼 긍정적으로 행동하거나 생각할 때 분비돼요. 특히 규칙적인 생활과 꾸준한 운동, 햇볕 쬐기, 균형 잡힌 식사, 좋은 인간관계는 행복 호르몬 분비를 더 활발하게 하지요. 행복 호르몬은 기분을 안정시키고 기억력과 집중력을 높여 줘요. 스트레스를 줄이고 면역력을 키우는 데도 도움이 돼요.

도파민의 두 얼굴

도파민은 행복 호르몬이지만, 너무 많이 분비되면 문제가 생길 수 있어요. 도파민이 나올 때 느끼는 짜릿함을 계속 느끼고 싶어지기 때문이에요. 이렇게 자극을 끊임없이 찾게 되는 상태를 '중독'이라고 해요. 도파민이 지나치게 분비되면 뇌 기능이 달라져 우울증이나 조현병 같은 질환으로 이어질 수도 있어요. 기쁨을 느끼는 것은 좋지만, 몸과 마음이 편안한 수준을 지키는 것이 더 중요해요.

더 생각해 보기

달리기만 해도 행복해진다고?

러너스 하이(Runner's High)는 운동할 때 갑자기 기분이 좋아지는 현상을 말해요. 엔도르핀 같은 호르몬이 분비되면서 스트레스가 줄고 행복감을 느끼지요. 주로 달리기를 할 때를 말하지만, 다른 운동을 오래 해도 비슷한 느낌을 받을 수 있어요. 이 용어는 1979년 미국 심리학자 아놀드 J 맨델이 처음 소개했어요. 맨델은 "30분 이상 달리면 몸이 가벼워지고 피로가 사라진다"고 설명했지요. 이런 느낌은 다른 사람을 도울 때 기분이 좋아지는 '헬퍼스 하이'와 비슷해요.

자신감을 더해 주는 어휘 퀴즈

1 기사 내용과 같으면 ○, 다르면 × 표시를 하세요.

(1) 헬퍼스 하이는 남을 돕고 난 뒤 느끼는 긍정적인 감정이다. (　　　)

(2) 엔도르핀은 친절을 베풀 때 줄어드는 호르몬이다. (　　　)

(3) 엔도르핀은 '천연 진통제'라고 불릴 만큼 통증을 줄여 준다. (　　　)

(4) 봉사 활동은 도움을 받는 사람에게만 이롭다. (　　　)

2 밑줄 친 곳에 들어갈 알맞은 어휘를 보기 에서 골라 적으세요.

보기	분비, 왕성, 정상치, 진통제

(1) 운동을 하면 기분을 좋게 하는 호르몬이 많이 (　　　　　　)된다.

(2) 봄이 되자 나뭇가지에 새잎이 (　　　　　　)하게 돋아났다.

(3) 의사 선생님은 내 혈압이 (　　　　　　)인지 확인해 보았다.

(4) 치아가 아플 때는 (　　　　　　)를 먹고 잠시 쉬어야 한다.

3 괄호 안에 알맞은 낱말을 넣어, 기사를 완성해 보세요.

내가 뽑은 제목:

기부나 봉사 활동 후 기쁨과 행복을 느끼는 상태를 '(　　　　　　) 하이'라고 해요. 이때 엔도르핀, 세로토닌 같은 (　　　　　　)이 왕성하게 분비되어 스트레스가 줄어들어요. 특히 엔도르핀은 (　　　　　　)보다 3배 이상 분비돼, 불안과 통증을 낮추는 '(　　　　　　) 진통제'라고도 불려요. 그래서 전문가들은 건강과 마음의 안정을 위해 봉사를 꾸준히 실천하라고 권하기도 한답니다.

도파민 문제, 정말 심각할까?

요즘 게임, 쇼트 폼 영상, SNS처럼 즐거움을 즉각적으로 주는 콘텐츠가 늘면서 '도파민 중독'이 사회 문제로 떠올랐어요. 동시에 도파민을 멀리하자는 '도파민 디톡스'도 유행하고 있지요. 그런데 도파민은 원래 우리에게 꼭 필요한 호르몬이에요. 그렇다면 도파민 문제는 정말 심각한 사회 현상일까요, 아니면 과장된 우려일까요?

A 도파민 문제가 실제로 심각하다고 생각해요. 자극적인 영상이나 게임에 익숙해지면, 공부나 운동처럼 시간을 오래 들여 보람을 느끼는 일에는 흥미를 느끼기 어려워져요. 이런 상태가 계속되면 집중력과 생활 습관에도 영향을 줄 수 있어요.

B 도파민 자체가 나쁜 건 아니지만, 영상이나 게임처럼 너무 쉽게 자극을 받는 환경이 문제예요. 계속 강한 자극에 노출되면 더 큰 자극만 찾게 되니까요. 그래서 도파민 디톡스처럼 사용 시간을 조절하려는 노력이 필요하다고 생각해요.

C 도파민 중독이라는 말이 다소 과장됐다고 느껴요. 도파민은 원래 공부를 하거나 목표를 이룰 때도 나오는 물질이에요. 모든 즐거움을 중독으로 설명하는 건 너무 단순한 해석 같아요.

D 도파민 문제를 무시할 수도 없지만, 과하게 걱정할 필요도 없다고 생각해요. 중요한 건 도파민을 없애는 게 아니라, 어떻게 쓰느냐예요. 스마트폰이나 게임도 적당히 사용하면 즐거움이 되지만, 조절하지 못하면 문제인 것처럼 균형이 중요해요.

내 생각 정리하기

의족부터 혈당 측정기까지, 편견을 허문 바비 인형

'바비 인형' 하면 금발 머리와 큰 눈, 날씬한 몸을 떠올리는 사람이 많을 거예요. 한때 바비는 백인 금발 여성의 모습뿐이어서 **정형화**된 미의 상징으로 여겨지곤 했어요. 그러나 최근 몇 년 사이 훨씬 다양한 모습으로 바뀌었어요.

2025년 7월, 미국 장난감 회사 마텔은 당뇨병 바비 인형을 **출시**했어요. 바비의 팔에는 혈당 측정기, 허리에는 인슐린 펌프가 달렸어요. 바비가 들고 있는 스마트폰 화면에는 혈당을 실시간으로 확인할 수 있는 앱이 보여요. 파란 물방울무늬 옷은 '세계 당뇨병 인식 개선'을 상징하는 로고에서 따온 디자인이지요. 이 회사는 "질병을 앓는 어린이와 청소년에게 희망을 전하고 싶다"고 출시 **취지**를 밝혔어요.

마텔은 '다양성과 포용성'을 **슬로건**으로 내걸고 여러 모습을 담은 바비 인형을 꾸준히 선보여 왔어요. 2016년부터 피부색, 체형, 눈동자, 머리 모양을 **세분화**해 키가 작은 바비와 통통한 바비를 내놓았지요. 이후에는 백반증 바비, 다운 증후군 바비를 비롯해 휠체어를 탄 바비와 의족을 한 바비, 보청기를 낀 바비도 등장했어요.

마텔 관계자는 "우리 주변에서 만날 수 있는 다양한 사람들의 모습을 바비 인형에 담고자 했다"며, "모든 어린이가 바비를 통해 자신의 모습을 발견하길 바란다"고 전했어요.

알쏭달쏭 어휘 사전

- **정형화**(定型化) 일정한 틀이나 형식이 굳어짐.
- **출시**(出市) 상품을 시장에 처음 내놓음.
- **취지**(趣旨) 어떤 일을 하게 된 목적이나 뜻.
- **슬로건** 어떤 단체의 생각이나 목표를 담은 짧은 문구.
- **세분화**(細分化) 하나를 여러 부분으로 나누어 자세히 구분함.

문해력을 높여 주는 배경지식

다양한 바비 인형의 탄생 배경

바비 인형은 세계에서 가장 유명한 장난감 중 하나예요. 1959년 출시된 바비는 금발에 푸른 눈, 마른 몸매의 백인 여성 모습이었어요. 사람들은 '바비처럼 예쁘다'는 말을 칭찬처럼 쓰기 시작했고, 어린이들도 바비 같은 외모를 동경했지요. 하지만 바비 인형을 갖고 놀던 어린이들이 자신의 몸을 부정적으로 바라보게 된다는 연구 결과가 나오며 논란이 커졌어요. 이에 장난감 회사는 다양한 피부색과 눈동자, 체형과 머리 모양을 가진 바비 인형을 만들기 시작했어요.

아름다움의 기준은 누가 정할까?

아름다움의 기준은 시대와 문화에 따라 달라요. 구석기 시대에는 먹을 것이 부족했기 때문에, 풍만한 몸의 '빌렌도르프의 비너스'가 생명력과 풍요를 상징했어요. 반면 고대 그리스에서는 균형과 조화를 중요하게 여겨, 8등신 비율의 '밀로의 비너스'를 아름답다고 생각했지요. 이처럼 아름다움에는 정답이 없고, 사람들이 살아온 환경과 가치관에 따라 기준이 달라져요.

〈빌렌도르프의 비너스〉와 〈밀로의 비너스〉

인권의 기본은 다양성과 포용성

만약 세상이 한 가지 모습만 아름답다고 정한다면, 그 기준에 맞지 않는 사람은 쉽게 소외되고 차별받을 수 있어요. 성형에 집착하거나 무리한 다이어트를 권하는 일도 생기지요. 외모에 가치를 두는 생각을 '외모 지상주의' 또는 '루키즘(Lookism)'이라고 해요. 하지만 사람의 능력과 가치는 외모가 아니라 개성과 실력에서 드러나요. 누구나 외모와 상관없이 존중받아야 하며, 서로의 다름을 받아들이는 것이 인권을 지키는 첫걸음이에요.

더 생각해 보기

아름다움 때문에 고통을 참는다고?

아름다움의 기준을 따르기 위해 몸을 억지로 바꾼 사례도 있어요. 과거 중국에서는 작은 발을 미인의 조건으로 여겨 발을 묶는 '전족'을 했어요. 평생 걷기 힘들 만큼 고통스러운 풍습이었지요. 19세기 유럽에서는 가는 허리가 아름답다고 여겨, 숨 쉬기 어려울 정도로 꽉 조이는 '코르셋'을 입었어요. 아름다움의 기준이 누군가에게 고통을 준다면, 올바르다고 할 수 없어요. 최근에는 정해진 미의 기준에서 벗어나려는 '탈코르셋' 운동이 나타나고 있어요. 화장이나 옷차림을 강요받지 않고, 자기만의 아름다움을 존중하자는 생각이에요.

자신감을 더해 주는 어휘 퀴즈

1 기사 내용과 같으면 ○, 다르면 × 표시를 하세요.

(1) 당뇨병 바비 인형에는 혈당 측정기와 인슐린 펌프가 있다. (　　　)

(2) 바비 인형은 한 가지 모습으로만 출시되고 있다. (　　　)

(3) 의족을 한 바비도 출시된 적이 있다. (　　　)

(4) 바비 인형 회사는 다양성을 줄이는 것이 목표라고 밝혔다. (　　　)

2 밑줄 친 곳에 들어갈 알맞은 어휘를 보기에서 골라 적으세요.

보기	출시, 취지, 세분화, 정형화

(1) 같은 방식만 반복하면 생각이 (　　　　　　)되기 쉽다.

(2) 새 스마트폰을 다음 달에 (　　　　　　)할 예정이다.

(3) 친구는 여행의 (　　　　　　)를 듣고 기꺼이 함께하기로 했다.

(4) 나비의 종류는 색과 무늬에 따라 매우 (　　　　　　)되어 있다.

3 괄호 안에 알맞은 낱말을 넣어, 기사를 완성해 보세요.

내가 뽑은 제목: ______________________

바비 인형은 한때 금발 머리와 날씬한 몸을 가진 정형화된 미의 (　　　　　)이었어요. 하지만 마텔은 2016년부터 다양한 바비 인형을 (　　　　　)하며 변화에 나섰어요. 당뇨병 바비 인형은 질병을 앓는 어린이에게 희망을 전하고 싶다는 (　　　　　)에서 만들었지요. 마텔은 피부색, 체형, 머리 모양을 더욱 (　　　　　)해 우리 주변의 다양한 모습을 바비 인형에 담고 있어요.

'얼굴이 예쁘다'라는 말, 인권 침해일까?

'얼평(얼굴 평가)'이나 '몸평(몸매 평가)'이라는 말을 들어 본 적 있나요? SNS에서 자신의 얼굴이나 몸매를 평가해 달라는 글이 올라오며 생긴 말이에요. 그런데 어떤 사람들은 "얼굴이 예쁘다"라는 말이 칭찬이라도 외모를 평가하는 것이어서 인권 침해일 수 있다고 말해요. 여러분은 어떻게 생각하나요?

A "예쁘다"는 말에는 상대를 깎아내리려는 의도가 없어요. 오히려 기분 좋게 해 주는 칭찬이죠. 상대가 듣고 행복했다면 인권 침해라고 보긴 어렵지 않을까요? 외모에 대한 말은 조심해야 하지만, 진심 어린 칭찬까지 문제 삼을 필요는 없다고 생각해요.

B "얼굴이 예쁘다"는 말 자체만으로 인권 침해라고 하긴 어려워요. 다만 누구에게, 어떤 상황에서 말했는지가 중요해요. 친한 친구에게 하는 말은 괜찮을 수 있지만, 처음 보는 사람에게 갑자기 예쁘다고 말하면 불편할 수도 있어요.

C "얼굴이 예쁘다"라고 말하는 순간 이미 자신의 기준으로 외모를 평가하는 거예요. 사람마다 모습은 각각 다르고, '아름다움'의 기준도 정해져 있지 않아요. 그래서 칭찬이라도 외모 중심의 가치관을 강화해 인권 침해로 이어질 수 있다고 생각해요.

D 상대가 원하지 않았는데 "예쁘다"라고 말하면 오히려 실례일 수 있어요. 외모를 기준으로 칭찬하는 것 자체가 외모 지상주의를 드러내는 행동이니까요. 그래서 칭찬이든 비하든, 외모를 평가하는 말은 하지 않는 게 더 좋다고 생각해요.

내 생각 정리하기

꽃이 오래 피어 좋다고? 꿀벌은 과로사한다

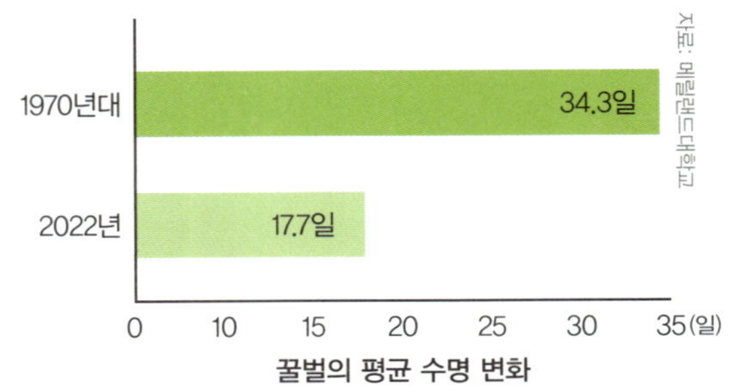

꿀벌의 평균 수명 변화

최근 몇 년 사이 꿀벌의 수명이 짧아졌다는 연구 결과가 잇따라 나오고 있어요. 미국 워싱턴주립대학교 연구진은 저명한 학술지에 "가을이 길어지면서 많은 꿀벌이 과로사할 위기에 놓였다"는 연구 결과를 발표했어요. 주된 원인으로는 따뜻해진 기온을 꼽았지요.

사람이 낮에 일하고 밤에 쉬듯, 꿀벌은 봄과 여름에 활발히 활동하고 겨울 동안 체력을 비축해요. 날이 추워지면 벌집 안에 모여 체온을 유지하며 모아 둔 꿀을 먹고 동면에 들어가지요. 꿀벌은 시기와 상관없이 바깥 기온이 섭씨 10도 이상이면 꽃을 찾아 나서요. 하지만 지구 온난화로 가을이 전보다 따뜻해지고 길어지면서, 제때 동면을 취하지 못하고 계속 일하게 되었어요.

2023년 메릴랜드대학교 연구에 따르면, 꿀벌이 혹사당하면서 평균 수명도 크게 줄었어요. 1970년대에는 34.3일이었지만, 2022년에는 17.7일로 감소했지요.

세계자연기금(WWF)은 폭염과 폭우 역시 꿀벌 생존을 위협한다고 밝혔어요. 전문가들은 "기온이나 습도가 높아지면 꿀벌은 날갯짓으로 벌집의 환경을 조절하는데, 폭염과 폭우가 잦아질수록 에너지를 지나치게 많이 써 수명이 줄어든다"고 설명했어요.

알쏭달쏭 어휘 사전

- **저명(著名)** 이름이 널리 알려져 있음.
- **과로사(過勞死)** 일을 너무 많이 해서 병이 생기고 목숨을 잃는 일.
- **비축(備蓄)** 필요한 때를 대비해 미리 모아 둠.
- **동면(冬眠)** 겨울 동안 동물이 움직이지 않고 쉬면서 지내는 일.
- **혹사(酷使)** 몹시 심하게 일을 시킴.

꿀벌이 사라지면 어떤 일이 벌어질까?

꿀벌이 사라지면 생태계뿐 아니라 우리의 식탁도 위협받아요. 아몬드, 양파, 딸기, 사과 등 전 세계 농작물의 70퍼센트 이상은 꿀벌이 꽃가루받이를 해 줘야 열매를 맺을 수 있어요. 식물이 열매를 맺지 못하면 이를 먹는 초식 동물의 먹이도 줄어들어요. 풀을 먹고 우유를 만드는 소 역시 먹이가 부족해지지요. 결국 꿀벌이 사라지면 전 세계가 심각한 식량난에 빠질 수 있어요.

우리나라 꿀벌은 수명이 짧다고?

우리나라 꿀벌은 다른 나라보다 훨씬 좁은 환경에서 꿀을 모아요. 2023년 농림축산식품부 자료에 따르면, 국내 양봉 사육 밀도는 1제곱킬로미터당 21.8봉군으로 일본보다 34배, 미국보다 80배나 높아요. 봉군은 벌통 하나에 함께 사는 꿀벌 무리를 말해요. 좁은 공간에 많은 벌을 키우면 먹이 경쟁이 심해져 꿀벌의 수명이 줄어요. 또 우리나라에서는 꿀벌이 겨울을 나려고 모아 둔 꿀까지 수확하는 경우가 있어요. 그 대신 꿀벌에게는 설탕물을 먹이는데, 이런 방식은 꿀벌의 면역력을 떨어뜨려 수명을 단축시킬 가능성이 높아요.

도시도 꿀벌에게 안전하다고?

보통 꿀벌은 자연에서 잘 산다고 생각하지만, 요즘은 도시도 비교적 안전한 공간이 되고 있어요. 도심 옥상이나 공원에 벌통을 두는 '도시 양봉'은 줄어드는 꿀벌 개체 수를 늘리고 도시 생태계를 회복하기 위해 시작됐어요. 이탈리아와 영국 등 여러 나라의 도시에서는 '꿀벌 호텔'이나 '꿀벌 정류장'을 만들어 꿀벌이 쉬어 갈 공간을 늘리고 있어요. 우리나라도 도시 양봉 기업이 교육과 체험 수업을 열어, 사람들이 꿀벌 보호에 참여하도록 도와요.

영국의 꿀벌 정류장

더 생각해 보기

꿀벌 로봇이 꽃가루를 옮긴다고?

기후 변화와 농약 사용으로 세계 곳곳에서 꿀벌이 빠르게 줄고 있어요. 꿀벌이 사라지면 과일과 채소가 제대로 자라지 못해 식량 문제가 생길 수 있지요. 이를 해결하기 위해 미국의 한 대학교 연구팀은 아주 작은 '꿀벌 로봇'을 만들었어요. 이 로봇은 가로세로 약 4센티미터, 무게는 1그램도 안 되지만 1,000초 이상 날 수 있어요. 전문가들은 기술이 더 발전하면 로봇이 꿀벌을 대신해 농작물 재배에 도움을 줄 것으로 기대해요.

자신감을 더해 주는 어휘 퀴즈

1 기사 내용과 같으면 ○, 다르면 × 표시를 하세요.

(1) 꿀벌은 겨울에 모아 둔 꿀을 먹으며 동면에 들어간다. (　　　)

(2) 지구 온난화로 가을이 따뜻하고 길어져 꿀벌이 더 오래 쉴 수 있다. (　　　)

(3) 꿀벌의 수명은 최근에 더 짧아졌다. (　　　)

(4) 폭염과 폭우는 꿀벌의 생존에 도움이 된다고 알려져 있다. (　　　)

2 밑줄 친 곳에 들어갈 알맞은 어휘를 보기 에서 골라 적으세요.

보기	저명, 비축, 동면, 혹사

(1) 이 박물관에서는 세계적으로 (　　　　　　)한 예술가의 작품을 전시한다.

(2) 우리는 비상 상황에 대비해 식량을 조금씩 (　　　　　　)해 두었다.

(3) 쉬지 않고 계속 일하는 건 몸을 (　　　　　　)시키는 행동이다.

(4) 다람쥐는 겨울을 나기 위해 오랜 시간 (　　　　　　)에 들어간다.

3 괄호 안에 알맞은 낱말을 넣어, 기사를 완성해 보세요.

내가 뽑은 제목: ______________________

최근 지구 온난화로 (　　　　　　)이 충분히 쉬지 못하고 (　　　　　　)당하고 있다는 연구 결과가 나왔어요. 꿀벌은 겨울 동안 꿀을 먹으며 체력을 (　　　　　　)하고 동면해야 하지만, 가을이 따뜻하고 길어지면서 과로하게 되는 거예요. 한 연구에 따르면 이런 변화로 꿀벌의 (　　　　　　)은 과거보다 크게 줄어들었어요.

도시 양봉, 계속 늘려도 될까?

꿀벌 개체 수가 줄어드는 문제를 해결하기 위해 시작된 도시 양봉은 여러 장점이 있어요. 하지만 옥상이나 공원을 날아다니는 벌이 무섭다는 의견도 있고, 도심에서 채취한 꿀의 안전성을 의심하는 시선도 있어요. 이런 상황에서 도시 양봉을 더 늘려야 할까요?

A 도시 양봉의 필요성은 공감하지만, 꿀벌에 알레르기가 있거나 벌을 무서워하는 사람도 있어요. 이런 점을 고려하지 않고 도시 양봉을 확대하면 일부 사람들에게 불편을 줄 거예요. 그래서 먼저 사회적 합의를 이루는 과정이 필요하다고 생각해요.

B 도시 양봉이 제대로 자리 잡으려면 규범과 제도를 먼저 마련해야 해요. 예를 들어 양봉이 가능한 지역을 정하고, 생산된 꿀이 안전 기준을 충족하는지 관리해야 하지요. 그래야 모두 안심하고 도시 양봉의 장점을 누릴 수 있어요.

C 도시는 꿀벌이 살기에 꼭 알맞은 환경은 아니에요. 도심에는 배기가스, 미세 먼지 같은 오염 물질이 많아요. 이런 환경에서 자란 꿀벌과 꿀이 안전한지 아직 충분히 검증되지 않았어요. 도시 양봉을 늘리기보다, 꿀벌이 살 자연을 지키는 게 먼저예요.

D 도시 양봉이 가져오는 공공의 이익이 크다면 어느 정도의 불편은 함께 감수할 수 있다고 생각해요. 꿀벌은 생태계와 식량 문제에 중요한 역할을 해요. 도시 양봉은 개인의 취미가 아니라, 도시와 지구를 위한 선택이에요.

내 생각 정리하기

어린이를 위한 외침, 어린이 해방 선언문

세 가지 기초 조건

1. 어린이를 재래의 윤리적 압박으로부터 해방하여 어린이에게 완전한 인격적 예우를 하게 하라.
2. 어린이를 재래의 경제적 압박으로부터 해방하여 만 14세 이하 어린이에 대한 무상 또는 유상의 노동을 폐하게 하라.
3. 어린이가 고요히 배우고 즐겁게 놀기에 족할 여러 가정 또는 사회적 시설을 마련하게 하라.

어른에게 드리는 글

1. 어린이를 내려다보지 마시고 눈을 맞추어 쳐다보아 주시오.
1. 어린이를 늘 가까이하시어 자주 이야기를 나누어 주시오.
1. 어린이에게 경어를 쓰시되 늘 보드랍게 하여 주시오. …

어린 동무들에게

1. 돋는 해와 지는 해를 반드시 보기로 합시다.
1. 어른에게는 물론이고, 동무들끼리도 서로 존대하기로 합시다.
1. 뒷간이나 담벽에 글씨를 쓰거나 그림을 그리지 말기로 합시다. …

어휘

재래(在來) 예전부터 전해 내려온 것.
예우(禮遇) 예의를 갖추어 정중하게 대함.
족하다(足-) 모자람이 없어서 더 바랄 것이 없다.
경어(敬語) 상대를 공경하는 마음을 담은 말.
뒷간(-間) 옛날에 화장실을 이르던 말.

중심 내용 요약하기

이해력을 키우는 배경지식

우리나라가 세계 최초로 어린이 인권 선언을 했다고?

선언문은 어떤 주장이나 뜻을 공식적으로 밝히는 글이에요. 동학 제2대 교주인 최시형 선생은 어린이의 소중함을 강조했고, 그 영향을 받은 방정환 선생은 1922년 어린이날을 만들었어요. 이후 1923년 '어린이 해방 선언문'을 발표했지요. 여기에는 어린이를 존중하고 보호하자는 뜻과 당시 어린이들의 생활 모습이 담겨 있어요. 이 선언은 1924년 국제 아동 권리 선언인 제네바 선언보다 1년 앞서 발표돼, 세계 최초의 어린이 인권 선언으로 평가돼요.

'어린이'라는 말은 누가 만들었을까?

예전에는 아이들을 '애'나 '아해'처럼 낮춰 불렀어요. 방정환 선생은 아이를 한 사람으로 존중하자는 뜻을 담아 '어린이'라는 말을 사용했고, 이 표현은 점차 널리 퍼졌어요. 오늘날 우리가 쓰는 '어린이'라는 말에는 존중과 사랑의 마음이 담겨 있어요. 어린이를 하나의 인격체로 존중하는 마음이 지금까지 이어지고 있어요.

역사 속 사건 알아보기

<어린이>는 어떤 잡지일까?

1923년에 창간된 〈어린이〉는 우리나라 최초의 어린이 전문 잡지예요. 방정환 선생과 여러 아동 문학가들이 동화와 동시, 만화, 놀이 등을 실어 어린이에게 꿈과 배움을 전하고자 했어요. 이 잡지는 단순한 읽을거리를 넘어, 어린이를 주인공으로 한 문화 운동의 중심이었어요. 어린이를 존중하는 말과 태도를 널리 알리고, 배울 기회가 적었던 어린이들의 상상력을 키워 주는 창구였지요.

인물 상식

어린이날을 만든 방정환(1899~1931년)

독립운동가이자 아동 문학가인 방정환 선생은 우리나라 어린이 운동의 선구자예요. 1923년에 5월 1일을 '어린이날'로 정하고, '어린이 해방 선언'의 초안을 썼어요. 또 잡지 〈어린이〉를 창간해 많은 동화를 발표했어요. 전국을 다니며 약 1,000번의 동화 구연을 하며 어린이들에게 꿈과 희망을 전했어요.

생각을 여는 문해력 테스트

1 선언문에 대한 설명이 옳으면 ○, 다르면 × 표시를 하세요.

(1) 선언문은 어떤 주장이나 뜻을 공식적으로 밝히는 글이다. ( )

(2) 어린이 해방 선언문은 제네바 선언보다 늦게 발표되었다. ( )

(3) 어린이 해방 선언문은 어린이를 존중하자는 내용이 담겨 있다. ( )

2 밑줄 친 곳에 들어갈 알맞은 어휘를 보기 에서 골라 적으세요.

보기	재래, 예우, 경어, 뒷간

(1) 박물관에는 옛 마을에서 쓰던 ( ) 물건들이 전시되어 있었다.

(2) 옛날 집에는 마당 한쪽에 ( )이 따로 있었다.

(3) 초대받은 손님을 정성껏 ( )하는 것은 기본예절이다.

(4) 선생님께는 높임말 같은 ( ) 표현을 사용해야 한다.

생각을 확장하는 글쓰기

나만의 '어린이 선언문 제1조'를 만든다면 어떤 내용을 넣을지 적어 보세요.

3주 차

#스테이블코인
#해킹
#희귀혈액형
#귀화선수
#오션다크닝
#민요

우리나라에도 스테이블코인 시대 열릴까?

개암이는 온라인 음원 사이트에서 좋아하는 K-팝 노래를 구매하며 500원을 스테이블코인(Stablecoin)으로 결제했어요. 개암이의 전자 지갑에는 5,000원 스테이블코인이 남았지요.

이 사례는 머지않아 실제로 일어날 수 있어요. 음악 저작권 투자 플랫폼인 '뮤직카우'가 K-팝 음원 결제에 원화 스테이블코인을 도입할 준비를 하고 있다고 밝혔기 때문이에요.

스테이블코인은 **차세대** 결제 수단으로 주목받는 디지털 **자산**이에요. 비트코인처럼 가격 변동이 큰 암호 화폐와 달리, 가치가 비교적 안정적이라 결제와 **송금**이 편리해요.

기존에는 소비자가 카드로 물건을 결제하면, 카드 회사와 결제 대행사를 거쳐 판매자에게 돈이 전달돼요. 실제 입금까지 최대 3일이 걸리고, 수수료도 발생하지요. 반면 스테이블코인은 소비자의 전자 지갑에서 판매자의 전자 지갑으로 바로 송금돼 처리 속도가 빨라요. 미국과 유럽 등의 국가는 이미 스테이블코인을 **유통**하고 있어요.

우리 정부도 원화 스테이블코인에 대비하기 시작했어요. '디지털 자산 기본법'을 만들 준비를 하면서 스테이블코인을 어떻게 **제도화**할지 살펴보고 있지요.

알쏭달쏭 어휘 사전

- **차세대**(次世代) 지금 세대 다음에 오는 세대.
- **자산**(資産) 개인이나 기관이 가진 가치 있는 재산.
- **송금**(送金) 돈을 다른 사람에게 보내는 일.
- **유통**(流通) 돈이나 물건이 세상에 널리 쓰임.
- **제도화**(制度化) 어떤 일을 법이나 규칙으로 정해 제도로 만듦.

문해력을 높여 주는 배경지식

스테이블코인과 비트코인의 다른 점

스테이블코인은 달러, 원화, 유로화 같은 실제 화폐나 금의 가치에 맞춰 만든 디지털 화폐예요. '1코인=1달러'처럼 일정하게 유지되도록 만들어 가격 변동이 크지 않아요. 반면 비트코인은 정해진 양만 발행하기 때문에 수요와 공급에 따라 가격이 크게 오르내려요. 하루 사이에도 값이 큰 폭으로 달라질 수 있지요. 그래서 비트코인은 투자 성격이 강하고, 스테이블코인은 실제 돈처럼 쓰기에 알맞아요.

스테이블코인, 꼭 필요할까?

스테이블코인은 나라와 나라 사이에서 돈을 주고받을 때 특히 유용해요. 보통 해외로 돈을 보내려면, 우리나라 돈을 상대 나라 화폐로 환전한 뒤 국제금융결제망을 통해 보내요. 이 과정은 보통 2~3일이 걸리고, 환전과 송금 수수료도 들지요. 반면 스테이블코인은 몇 분 만에 돈을 외국으로 보낼 수 있고, 송금 수수료도 비교적 저렴해요. 다만 발행 기관을 믿을 수 있는지, 실제로 충분한 자산을 가지고 있는지에 따라 위험할 수도 있어요.

스테이블코인으로 난민을 돕는 유엔난민기구

러시아-우크라이나 전쟁으로 집을 떠난 난민들은 현금을 바로 받기 어려운 경우가 많아요. 유엔난민기구는 난민들의 스마트폰으로 스테이블코인을 보내, 이를 달러나 현지 화폐로 바꿔 식비와 의료비 등에 쓰도록 돕고 있어요. 국경을 넘어 이동하는 난민끼리 스테이블코인을 주고받을 수도 있지요. 이 활동은 효과를 인정받아 2023년 파리 블록체인 위크에서 '최고 영향력 있는 사업상'을 받았어요.

더 생각해 보기

화폐는 어떻게 변해 왔을까?

사람들은 처음에 물건을 물건과 바꾸는 '물물 교환'을 했어요. 하지만 원하는 물건이 늘 맞아떨어지지 않아 불편했지요. 그래서 가볍고 오래 보관할 수 있는 물건을 '돈'처럼 쓰기 시작했어요. 예전 미국 서부에서는 사슴 가죽(Buck Skin)을 화폐로 사용했는데, 이때부터 '버크(Buck)'가 달러를 뜻하는 말로 쓰였어요. 이후 금과 은으로 만든 화폐, 종이돈과 카드가 등장했고, 이제는 스마트폰으로 결제하는 디지털 화폐까지 사용하고 있어요.

자신감을 더해 주는 어휘 퀴즈

1 기사 내용과 같으면 ○, 다르면 × 표시를 하세요.

(1) 스테이블코인은 가격 변동이 큰 암호 화폐다. (　　　)

(2) 스테이블코인은 결제와 송금이 편리하다. (　　　)

(3) 스테이블코인은 카드 회사와 결제 대행사를 거쳐 돈을 보낸다. (　　　)

(4) 정부는 원화 스테이블코인을 제도화할 방안을 논의하고 있다. (　　　)

2 밑줄 친 곳에 들어갈 알맞은 어휘를 보기 에서 골라 적으세요.

보기	자산, 송금, 유통, 제도화

(1) 아빠는 은행 앱으로 해외에 있는 친구에게 돈을 (　　　　　　)했다.

(2) 박물관은 기증받은 그림을 중요한 문화 (　　　　　　)으로 관리한다.

(3) 이 지역은 농산물 (　　　　　　)이 활발해 시장이 늘 붐빈다.

(4) 학교는 안전 규칙을 (　　　　　　)하기로 했다.

3 괄호 안에 알맞은 낱말을 넣어, 기사를 완성해 보세요.

내가 뽑은 제목:

(　　　　　)은 가치가 안정적인 디지털 자산으로, 결제와 (　　　　　)이 편리하다는 장점이 있어요. 소비자의 전자 지갑에서 (　　　　　)의 전자 지갑으로 바로 보낼 수 있어 처리 속도가 빠르지요. 미국과 유럽 등에서도 이미 스테이블코인이 (　　　　　)되고 있어요. 우리 정부도 원화 스테이블코인에 대비해 법안을 논의 중이에요.

깊이 생각하며 사고력 키우기

스테이블코인이 통화 주권을 위협할까?

2025년 기준, 전 세계에서 유통 중인 스테이블코인의 종류는 170여 개에 이르고, 발행 규모도 약 356조 원에 달해요. 스테이블코인은 결제가 편리하다는 장점이 있지만, 나라가 자국 화폐를 발행하고 관리하는 권리인 통화 주권이 약해질 수 있다는 우려도 있어요. 이런 변화는 과연 우리 경제에 도움이 될까요?

A 미국을 비롯해 홍콩과 유럽 등 스테이블코인을 사용하는 나라가 점점 늘고 있어요. 편리하고 실용적이기 때문이에요. 소비자 입장에서는 수수료가 적고, 환전 없이 결제가 가능해 일상생활에서 활용도가 높아요.

B 스테이블코인 사용 자체에는 찬성해요. 하지만 우리나라 화폐인 원화를 기준으로 한 스테이블코인을 만들어야 해요. 지금 유통되는 스테이블코인은 대부분 달러 기반이에요. 그대로 확산되면 달러 의존도가 높아져 원화 가치가 떨어지고 통화 주권이 약해질 수 있어요.

C 원화 스테이블코인을 바로 발행하기 전에 충분한 준비가 필요해요. 스테이블코인이 널리 쓰이면 은행 결제가 줄고, 간편결제도 원화 대신 코인으로 바뀔 수 있어요. 중앙은행 디지털 화폐(CBDC)도 아직 자리 잡지 않은 만큼, 시장 혼란을 막을 대책을 먼저 마련해야 해요.

D 스테이블코인을 본격적으로 쓰기 전에 이를 관리할 법과 제도를 만들어야 해요. 스테이블코인은 정부나 은행이 아니라 민간 기업이나 재단이 발행하는 경우가 많기 때문이에요. 소비자 보호와 금융 안정을 위해 명확한 규제가 꼭 필요해요.

내 생각 정리하기

내 정보는 안전할까? 대규모 해킹 사고 잇따라

국내 통신사와 카드사 등 여러 기업에서 대규모 해킹 피해가 발생했어요. 개인 정보 유출과 금전 피해가 이어지며 이용자들의 불안도 커졌어요.

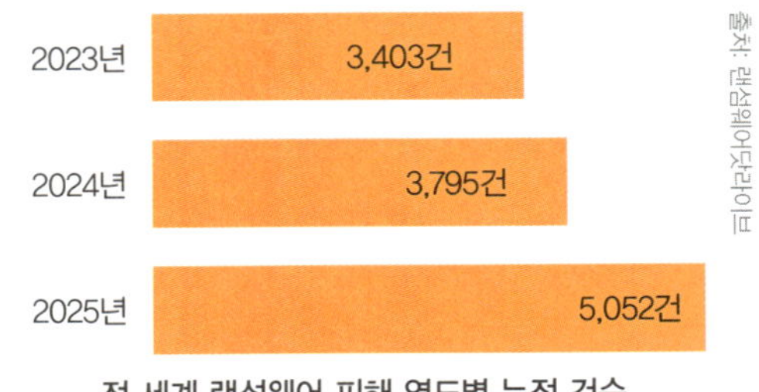

전 세계 랜섬웨어 피해 연도별 누적 건수

SK텔레콤에서는 약 2천 300만 명의 개인 정보가 **유출**되는 해킹 사고가 일어났어요. 해커가 내부 시스템에 **악성 코드**를 심어, 통신에 필요한 정보를 담은 유심(USIM) 관련 일부 정보를 빼낸 것으로 드러났어요. SK텔레콤은 보안 의무를 지키지 못한 점을 인정하고 모든 고객에게 유심을 무료로 교체해 주기로 했어요.

KT에서는 5천여 명의 개인 정보가 유출됐고, 휴대폰 **소액** 결제 피해도 발생했어요. LG유플러스도 해킹 사실을 신고해 조사가 진행 중이에요. 롯데카드는 온라인 결제 서버가 해킹됐고, SGI서울보증과 예스24는 랜섬웨어 공격으로 서비스가 한동안 중단됐어요. 쿠팡 역시 해킹 공격으로 이용자 정보가 유출돼 논란이 됐어요.

실제로 전 세계 랜섬웨어 피해는 해마다 늘고 있어요. 2023년 3,403건이던 **누적** 피해 건수는 2025년에는 5,052건으로 급증했어요. 대규모 해킹 사고가 이어지자 정부는 공공, 금융, 통신 분야의 정보 통신 시스템을 대상으로 **대대적**인 보안 점검에 나서기로 했어요.

알쏭달쏭 어휘 사전

- **유출**(流出) 귀중한 물건이나 정보가 불법적으로 나라나 조직 밖으로 나감.
- **악성 코드**(惡性-) 컴퓨터를 고장 내거나 피해를 주는 유해 프로그램.
- **소액**(少額) 아주 적은 액수.
- **누적**(累積) 같은 일이 계속 쌓여 늘어남.
- **대대적**(大大的) 규모나 범위가 매우 큼.

문해력을 높여 주는 배경지식

현대인을 괴롭히는 사이버 공격

사이버 공격은 인터넷을 통해 컴퓨터나 스마트폰에 몰래 침입해 피해를 주는 행동이에요. 보안을 뚫고 침입하는 '해킹', 파일을 암호화해 돈을 요구하는 '랜섬웨어', 가짜 사이트에 접속하도록 유도해 정보를 빼내거나 금전 피해를 입히는 '파밍' 등이 있지요. 사이버 공격은 대부분 돈을 노리고 일어나요. 개인 정보를 훔쳐 범죄자끼리 사고팔기도 하고, 기업의 시스템이나 국가의 정보망을 공격해 큰 혼란을 일으키기도 해요. 사이버 공격은 사람과 기업, 국가 모두에 큰 피해를 주는 범죄예요.

개인 정보를 왜 지켜야 할까?

개인 정보는 이름과 주소, 휴대폰 번호, 아이디와 비밀번호처럼 나를 나타내는 중요한 정보예요. 이런 정보가 새어 나가면 다른 사람이 내 이름으로 쇼핑하거나 게임 아이템을 사는 등 금전적인 피해가 생길 수 있어요. 광고 전화가 끊이지 않거나 괴롭힘과 협박을 받을 수도 있지요. 얼굴 사진과 개인 정보가 함께 퍼지면 거짓 소문이 돌거나 범죄에 악용될 위험도 있어요. 그래서 인터넷에는 꼭 필요한 정보만 입력하고, 비밀번호는 남에게 알려 주지 말아야 해요.

사이버 공격이 의심된다면?

스마트폰이나 컴퓨터에 내가 설치하지 않은 앱이나 프로그램이 있다면 열어 보지 말고 바로 삭제하세요. 기기가 갑자기 느려지거나 이유 없이 꺼졌다 켜지면 해킹 신호일 수 있어요. 이럴 때는 먼저 인터넷 연결을 끊는 것이 좋아요. 사이버 공격이 의심되면 개인정보침해신고센터 118에 전화해 도움을 받을 수 있어요. 미리 예방하려면 백신 프로그램으로 정기 검사를 하고, 비밀번호는 8자리 이상으로 복잡하게 만들고 주기적으로 바꿔야 해요.

더 생각해 보기

착한 해킹을 하는 화이트햇

나쁜 목적으로 해킹하는 사람을 '블랙햇(Black Hat)'이라고 해요. 반대로 기업이나 기관의 의뢰를 받아 합법적이고 윤리적으로 해킹하는 사람은 '화이트햇(White Hat)'이라고 불러요. 서부 영화에서 검은 모자는 악당, 흰 모자는 착한 사람을 뜻했던 데서 나온 말이에요. 화이트햇은 미리 시스템의 약점을 찾아 고치고, 시험 삼아 해킹해 안전한지 점검해요. 예를 들어 새 온라인 쇼핑몰이 생기면 고객 정보가 새지 않는지, 결제 과정에 허점은 없는지 살펴 악성 해커의 공격에 대비하지요.

자신감을 더해 주는 어휘 퀴즈

1 기사 내용과 같으면 ○, 다르면 × 표시를 하세요.

(1) 여러 기업과 통신사에서 해킹 피해가 발생했다. (　　　)

(2) 휴대폰 소액 결제로 인한 피해는 없었다. (　　　)

(3) 랜섬웨어 공격을 받은 기업은 없었다. (　　　)

(4) 정부는 해킹 사고 이후 보안 점검에 나서기로 했다. (　　　)

2 밑줄 친 곳에 들어갈 알맞은 어휘를 보기에서 골라 적으세요.

보기	유출, 악성 코드, 소액, 누적

(1) 이메일을 열었더니 컴퓨터를 망가뜨리는 (　　　　　　)가 설치되었다.

(2) 소비자의 개인 정보가 외부로 (　　　　　　)되어 큰 피해를 입었다.

(3) 지각을 자주 해서 벌점이 (　　　　　　)되었다.

(4) 휴대폰으로 게임 아이템을 사려고 (　　　　　　) 결제를 이용했다.

3 괄호 안에 알맞은 낱말을 넣어, 기사를 완성해 보세요.

내가 뽑은 제목: ______________________________

통신사와 기업에서 대규모 (　　　　　　) 사고가 잇따르며 개인 정보 (　　　　　　)과 금전 피해가 발생했어요. 해커는 시스템에 (　　　　　　) 코드를 심어 정보를 빼냈고, 일부 이용자는 소액 결제로 피해를 입었어요. 사고가 이어지자 정부는 공공, 금융, 통신 분야를 대상으로 대대적인 (　　　　　　) 점검에 나서기로 했어요.

기업의 대규모 해킹 사고, 정부도 책임져야 할까?

SK텔레콤은 이번 유심 해킹 사고의 원인이 기업의 보안 시스템 부실이라고 인정하고, 책임지겠다고 밝혔어요. 정부는 이를 계기로 기업이 보안 의무를 어길 경우 벌금을 부과하는 등 법적 제재를 강화하기로 했지요. 그렇다면 기업에서 대규모 해킹 사고가 발생했을 때, 정부는 어디까지 책임져야 할까요?

A 기업의 해킹 사고는 기업 책임이에요. 고객은 기업을 믿고 개인 정보를 제공했으니까요. 이는 기업과 개인 사이의 문제니 정부가 책임질 필요는 없다고 생각해요. 오히려 정부가 책임지기 시작하면 기업이 보안에 더 소홀해질 수 있어요.

B 기본적인 책임은 기업에 있지만, 피해가 크다면 정부도 일부 책임을 져야 해요. 국민의 안전을 지키는 것이 정부의 역할이기 때문이에요. 보상 기준이나 처리 절차를 정부가 정해 주면 혼란을 줄일 수 있어요.

C 정부가 적극적으로 개입해야 해요. 교통사고를 막기 위해 신호등과 교통 규칙을 만드는 것처럼, 해킹 사고도 정부가 미리 보안 기준을 세우고 점검하면 줄일 수 있어요. 사고가 난 뒤 책임을 따지기보다 미리 대비하도록 감시해야 해요.

D 정부의 과도한 개입은 기업의 자율성을 해칠 수 있어요. 규제가 지나치면 일부 기업이 불이익을 피하려고 해킹 사실을 늦게 알리거나 숨길 수도 있잖아요. 그러면 피해가 더 커지니, 정부의 개입은 신중해야 한다고 생각해요.

내 생각 정리하기

ABO가 아니라 P형? 희귀 혈액형 나왔다!

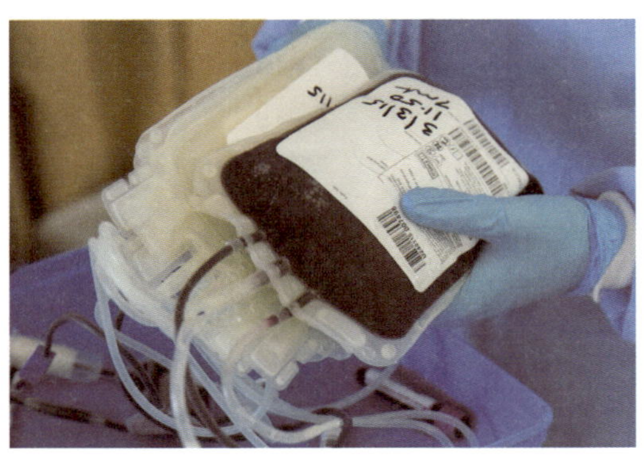

2025년 6월, 중국 윈난성의 소수 민족 자치구의 한 혈액 센터에서 'P형' 혈액형이 발견돼 화제가 되었어요. P형은 100만 명 중 1명 미만으로 나타나는 희귀 혈액형이에요.

혈액형은 항원의 종류에 따라 나뉘어요. 지금까지 발표된 혈액형 분류법은 30종이 넘어요. 가장 널리 알려진 ABO식 분류법은 항원에 따라 A형, B형, AB형, O형으로 구분해요. Rh식은 Rh 항원이 있으면 플러스형(양성), 없으면 마이너스형(음성)으로 나누어요.

하지만 P형은 ABO식이나 Rh식으로는 구별할 수 없어요. 특수 검사로만 확인할 수 있지요. P형 혈액형에는 P1, P2, P1k, P2k, P처럼 여러 종류가 있는데, 그중 'P형'은 전 세계적으로도 극히 드문 유형이에요. 14억 명이 넘는 중국 인구 가운데 공식적으로 확인된 P형 보유자는 단 13명뿐이에요.

전문가들은 "P형 혈액형인 사람은 같은 혈액형만 수혈받을 수 있어, 특히 주의가 필요하다"고 설명했어요.

알쏭달쏭 어휘 사전

- **소수 민족(少數民族)** 한 나라 안에서 인구가 적고, 언어와 문화가 다른 민족.
- **희귀(稀貴)** 매우 드물고 귀함.
- **항원(抗原)** 생물의 몸속에 들어가서 항체를 만들게 하는 물질.
- **극히(極-)** 더할 수 없이, 매우.
- **수혈(輸血)** 치료를 목적으로 건강한 사람의 피를 환자에게 옮겨 넣음.

문해력을 높여 주는 배경지식

우리 몸 구석구석을 돌아다니는 혈액

혈액은 혈관을 따라 흐르며 온몸의 세포와 장기에 산소와 영양분을 나르고, 이산화 탄소와 노폐물을 밖으로 내보내요. 혈액은 혈장과 적혈구, 백혈구, 혈소판으로 이루어져요. 혈액의 절반 이상을 차지하는 혈장에는 단백질, 비타민, 호르몬처럼 생명을 유지하는 데 필요한 물질이 들어 있어요. 백혈구는 세균과 바이러스를 없애 우리 몸을 지키고, 혈소판은 상처가 났을 때 피가 굳도록 도와 감염을 막아요. 적혈구는 산소를 실어 나르는 세포예요. 헤모글로빈은 피가 붉게 보이도록 해요.

혈액형은 누가 처음 발견했을까?

1900년, 오스트리아 과학자 카를 란트슈타이너는 사람마다 피의 성질이 다르다는 사실을 밝혀냈어요. 그는 왜 어떤 사람의 피는 섞으면 굳는지를 연구하다가, 혈액형이 서로 다르면 피가 엉긴다는 원리를 알아냈지요. 이듬해인 1901년, 사람의 혈액형을 A형과 B형, 그리고 C형(이후 O형으로 불림)으로 나눈 ABO식 혈액형을 발표했어요. 이 발견 덕분에 수혈이 훨씬 안전해졌지요. 그는 1930년 노벨 생리 의학상을 받았어요.

수혈에도 규칙이 있을까?

혈액은 사람 몸무게의 약 7~8퍼센트를 차지해요. 체중이 70킬로그램이면 몸속에 혈액이 약 5리터 정도 있지요. 피가 부족하면 수혈을 받아야 하는데, 이때 혈액형을 꼭 확인해야 해요. A형은 A형이나 AB형에, B형은 B형이나 AB형에 수혈할 수 있어요. O형은 모든 혈액형에 수혈할 수 있지만, O형만 수혈받을 수 있어요. 반대로 AB형은 모든 혈액형을 수혈받을 수 있지만, AB형에만 수혈할 수 있지요. 이렇게 혈액형마다 맞는 조합이 정해져 있어요.

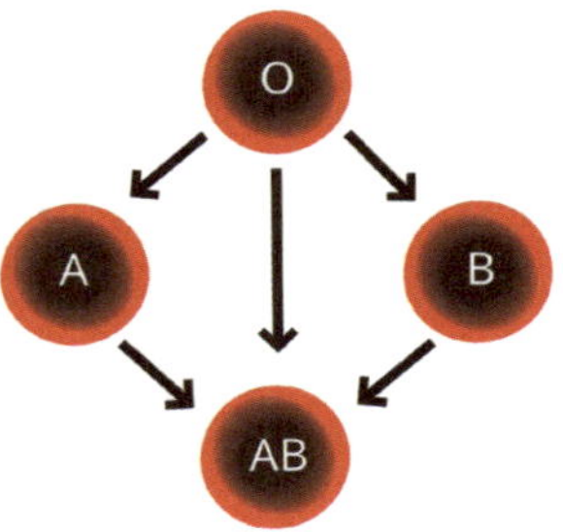

혈액형별 수혈 가능 관계

더 생각해 보기

생명을 나누는 혈액 기부, 헌혈

우리나라는 수혈에 쓰이는 혈액을 모두 헌혈로 모아요. 사람의 혈액을 완전히 대신할 물질이 아직 없어, 헌혈은 환자의 생명을 살리는 중요한 역할을 해요. 또 생명은 거래할 수 없다는 원칙에 따라, 대부분의 나라에서 혈액을 돈으로 사고팔지 않아요. 우리나라는 만 16세부터 69세까지 헌혈이 가능하며, 몸무게와 건강 상태 등 몇 가지 조건을 충족해야 해요.

1 기사 내용과 같으면 ○, 다르면 × 표시를 하세요.

(1) P형 혈액형은 주변에서 쉽게 찾을 수 있다. (　　　)

(2) ABO식과 Rh식 분류법으로도 P형 혈액형을 쉽게 구별할 수 있다. (　　　)

(3) 혈액형은 항원의 종류에 따라 나뉜다. (　　　)

(4) P형 혈액형인 사람은 어떤 혈액형이든 안전하게 수혈받을 수 있다. (　　　)

2 밑줄 친 곳에 들어갈 알맞은 어휘를 보기 에서 골라 적으세요.

보기	희귀, 항원, 극히, 수혈

(1) 이 꽃은 깊은 산속에서만 자라는 (　　　　　　) 식물이다.

(2) 그 물질은 (　　　　　　) 적은 양만 있어도 큰 반응을 일으킨다.

(3) 면역 세포는 몸에 들어온 (　　　　　　)을 알아본 뒤 항체를 만든다.

(4) 크게 사고를 당한 환자는 곧바로 (　　　　　　)이 필요했다.

3 괄호 안에 알맞은 낱말을 넣어, 기사를 완성해 보세요.

내가 뽑은 제목: ____________________

2025년 중국 윈난성에서 (　　　　　) 혈액형인 P형이 발견되었어요. 혈액형은 (　　　　　)의 종류에 따라 나뉘는데, P형은 기존의 ABO식이나 Rh식 (　　　　　)법으로는 구별되지 않는 극히 드문 유형이에요. 중국 전체 인구 중 P형 보유자는 13명뿐이며, 같은 유형의 혈액만 (　　　　　)받을 수 있어 특별한 관리가 필요하답니다.

인공 혈액 개발, 꼭 필요할까?

최근 전 세계적으로 수혈용 혈액이 부족해요. 출생률이 낮아지면서 헌혈할 수 있는 사람은 줄고, 고령 인구가 늘면서 혈액이 필요한 사람은 많아졌기 때문이에요. 이런 문제를 해결하기 위해 우리나라를 비롯한 여러 나라에서 인공 혈액을 개발하고 있어요. 과연 인공 혈액 개발은 꼭 필요한 선택일까요?

A 저출생과 고령화 문제는 시간이 갈수록 더 심각해질 거예요. 그러면 혈액 부족 문제도 더 심각해질 수밖에 없어요. 인공 혈액을 개발하면 혈액을 안정적으로 공급해 더 많은 생명을 살릴 수 있다고 생각해요.

B 혈액형과 관계없이 사용할 수 있는 인공 혈액은 희귀 혈액형을 가진 사람을 위해서라도 꼭 개발해야 해요. 희귀 혈액형 혈액은 일반 혈액형 혈액보다 더 부족하니까요.

C 아직 인공 혈액이 실제 혈액 같은 역할을 하기는 어려워요. 개발에 많은 시간과 비용도 들어요. 그래서 지금은 인공 혈액 개발보다 헌혈 참여를 늘리는 캠페인을 강화하는 것이 더 현실적인 해결책이라고 생각해요.

D 인공 혈액은 아직 충분히 검증되지 않았어요. 부작용이 생기면 많은 생명이 위험해질 수 있어요. 또 비용이 비싸 일부 사람만 이용할 수 있을지도 몰라요. 그래서 안전성과 공공성이 보장되기 전까지는 신중해야 해요.

내 생각 정리하기

사라진 스포츠맨십? 말레이시아 '가짜 귀화 선수' 논란

2025년 9월, 말레이시아 축구 대표 팀이 외국인 선수들의 서류를 **위조**한 혐의로 국제축구연맹(FIFA)의 **징계**를 받았어요. FIFA는 "말레이시아축구협회(FAM)가 해외 출생 선수 7명의 조부모가 말레이시아에서 태어난 것처럼 출생증명서를 조작했다"고 밝혔어요.

'가짜 **귀화** 선수' **의혹**은 2025년 6월, 2027년 아시안 컵 예선전에서 말레이시아가 베트남을 4대 0으로 크게 이긴 뒤 제기되었어요. 당시 선발 11명 가운데 9명이 귀화 선수였어요. 그중 7명은 귀화 과정에서 조부모의 출생증명서를 제출했지만, 조사 결과 모두 조작으로 드러났어요.

말레이시아축구협회는 '직원의 실수'라고 해명했지만, 위조 사실이 확인되자 결국 이를 인정했어요. 그 결과 협회는 35만 스위스 프랑(한화 약 6억 2천만 원)의 벌금을 냈고, 해당 선수 7명은 1년간 국제 경기 **출전**이 금지됐어요.

FIFA 규정에 따르면, 해외에서 출생한 선수는 친부모나 조부모가 태어난 나라에서만 국가대표가 될 수 있어요. 이는 성적을 위해 무분별하게 외국인 선수를 받아들이지 않도록 만든 장치예요. FIFA는 "위조는 축구의 기본 원칙을 어기는 행위이며, 선수 자격뿐 아니라 스포츠맨십을 해치는 행동"이라고 강하게 비판했어요.

알쏭달쏭 어휘 사전

- **위조(僞造)** 속이기 위해 진짜처럼 꾸며 만듦.
- **징계(懲戒)** 규칙을 어긴 사람에게 내리는 처벌.
- **귀화(歸化)** 다른 나라 국적을 얻어 그 나라 국민이 됨.
- **의혹(疑惑)** 의심하거나 수상하다고 여김.
- **출전(出戰)** 경기나 시합에 나감.

국가 대표 팀에 귀화 선수가 있는 이유

국제 대회에서 좋은 성적을 내기 위해 실력 있는 선수를 귀화시키기도 해요. 프로 리그에는 외국인 선수가 일정 기간 계약을 맺고 '용병 선수'로 뛸 수 있지만, 국가 대표는 그 나라 국적이어야 해요. 그래서 외국인 선수가 한국 대표로 뛰려면 법적 절차를 거쳐 한국 국적을 취득해야 하지요. 귀화 선수는 국가 대표 경기뿐 아니라 국내 프로 리그에서 활동할 수도 있어요.

스포츠맨십이 무엇일까?

스포츠는 기록만 겨루는 경쟁이 아니라, 여럿이 협력하며 목표를 이루는 활동이에요. 그래서 공정성과 도덕성이 중요해요. 득점을 위해 일부러 반칙하거나, 심판이 한쪽에 유리한 판정을 내리는 일은 허용되지 않아요. 스포츠맨십(Sportsmanship)은 선수라면 반드시 갖춰야 할 태도예요. 정정당당하게 승부를 겨루고, 결과를 담담히 받아들이며, 상대를 존중하는 자세를 말하지요.

단순한 경기를 넘어선 국제 스포츠 대회

올림픽과 월드컵 같은 국제 스포츠 대회는 나라와 나라가 스포츠로 교류하는 자리예요. 처음에는 선수들이 실력을 겨루는 경기였지만, 점차 나라를 대표하는 큰 행사로 자리 잡았어요. 각국은 스포츠를 통해 자국의 문화와 힘을 알리고, 평화로운 경쟁으로 관계를 맺지요. 교통과 미디어가 발달해 전 세계 사람들이 경기를 보게 된 것도 국제 대회가 활성화된 이유예요. 국제 대회에서 좋은 성적을 거두면 국가 이미지가 높아지고, 국민의 자부심도 커져요. 2002년 한일 월드컵 4강 진출과 김연아 선수의 밴쿠버 올림픽 금메달은 한국 스포츠의 성장을 보여 준 사례예요.

더 생각해 보기

올림픽과 월드컵, 정치와 관련 있다고?

큰 국제 스포츠 대회는 단순한 스포츠 행사를 넘어 세계정세와 연결돼요. 1980년대 냉전 시대에는 올림픽 참가를 거부하는 '보이콧'으로 정치적 뜻을 드러냈어요. 2018년 평창 올림픽에서는 올림픽 최초로 남북 단일 아이스하키 팀이 출전해 세계에 평화의 메시지를 전했지요. 이처럼 국제 스포츠 대회는 때로는 나라 사이를 잇고, 때로는 갈등을 드러내는 무대가 돼요.

자신감을 더해 주는 어휘 퀴즈

1 기사 내용과 같으면 ○, 다르면 × 표시를 하세요.

(1) 말레이시아축구협회는 외국인 선수 서류를 위조했다는 혐의를 받았다. (　　　)
(2) FIFA는 이 사실을 조사했지만 징계를 내리지 않았다. (　　　)
(3) 외국인 선수는 부모나 조부모의 출생 국가에서만 국가 대표로 뛸 수 있다. (　　　)
(4) FIFA는 서류를 위조하면 스포츠맨십을 해친다고 말했다. (　　　)

2 밑줄 친 곳에 들어갈 알맞은 어휘를 보기 에서 골라 적으세요.

보기	위조, 징계, 귀화, 의혹

(1) 그는 대회 규칙을 어겨 (　　　　　　)를 받을 위기에 놓였다.
(2) 경찰은 사건 당시 그가 거짓말을 했다는 (　　　　　　)을 품었다.
(3) 친구는 오랜 해외 생활 끝에 그 나라로 (　　　　　　)했다.
(4) 누군가 유명 화가의 작품을 (　　　　　　)하려다 적발됐다.

3 괄호 안에 알맞은 낱말을 넣어, 기사를 완성해 보세요.

내가 뽑은 제목: ____________________

말레이시아축구협회가 해외 출생 선수들의 서류를 (　　　　　)한 사실이 드러나, FIFA에서 징계를 받았어요. 아시안 컵 예선전에서 베트남에 크게 승리한 뒤 가짜 (　　　　　) 선수 의혹이 불거졌고, 조사 결과 7명의 (　　　　　)증명서가 조작된 것으로 밝혀졌어요. 이 선수들은 1년간 국제 경기 (　　　　　)이 금지됐고, 협회는 벌금을 냈어요.

국가 대표 팀에 귀화 선수를 영입해야 할까?

최근 인도네시아 축구 대표 팀은 귀화 선수 비중이 크게 늘었어요. 네덜란드, 벨기에 등 유럽 출신 선수들이 인도네시아 대표 팀 유니폼을 입었지요. 그 결과 귀화 선수 비율이 자국 선수보다 높아지면서 스포츠계에서 논쟁이 일었어요. 국가 대표 팀에 귀화 선수를 영입하는 것은 옳은 선택일까요?

A 팀에 부족한 전력을 보강하는 데 귀화 선수 영입만큼 빠르고 효과적인 방법은 없어요. 국내 선수를 오래 훈련시키는 것보다 실력 있는 선수를 귀화시키는 편이 즉시 전력을 높일 수 있죠. 정당한 절차로 국적을 얻은 선수라면 주저할 이유가 없다고 생각해요.

B 서류상 국적만 같고 문화나 가치관이 다를 텐데 '국가 대표'라고 할 수 있을까요? 귀화 선수가 늘면 국내 선수가 국가 대표로 뽑힐 기회가 줄어들어요. 국가 대표 팀은 우리나라에서 나고 자란 선수 중심으로 구성되는 것이 더 바람직하다고 생각해요.

C 귀화 선수에게 의존하면 국내 선수 육성에 소홀해질 수 있어요. 단기적으로 좋은 성적을 얻을지는 몰라도, 장기적으로는 스포츠 발전에 도움이 되지 않지요. 어린이와 청소년 선수 육성에 더 힘쓰는 편이 낫다고 봐요.

D 귀화 선수를 모두 반대할 필요는 없다고 생각해요. 우리나라 선수도 다른 나라에 귀화해 기회를 얻는 경우가 있으니까요. 다만 인도네시아처럼 팀 대부분을 귀화 선수로 채우는 것은 문제가 될 수 있어요. 비율을 정하는 등 명확한 기준이 필요해요.

내 생각 정리하기

'초록 별' 지구가 '검은 별'이 되어 간다고?

초록 별 지구의 바다가 점점 어두워지고 있다는 연구 결과가 나왔어요. 영국 플리머스대학교 연구진에 따르면, 지난 20년 동안 전 세계 해양의 5분의 1 이상이 어두워졌다고 해요.

이런 현상을 '오션 다크닝(Ocean Darkening)'이라고 해요. 바다 **표층** 환경이 변하면서 태양 빛이 물속 깊이 **침투**하지 못할 때 나타나는 현상이지요. 바다 표층, 즉 '광달층'은 전 세계 해양 생물의 약 90퍼센트가 **서식**하는 중요한 공간이에요. 오션 다크닝의 원인으로는 물속에서 자라는 식물인 조류가 지나치게 늘어나 햇빛을 가리는 현상과 해수면 온도 상승 등이 꼽혀요.

연구에 따르면 전 세계 해양의 약 9퍼센트에서 빛의 **투과** 깊이가 50미터 이상 줄었고, 일부 지역은 100미터나 감소했다고 해요. 이런 변화는 북극과 남극, 멕시코 만류, 발트해처럼 기후 변화의 영향을 크게 받는 바다에서 특히 두드러졌지요.

전문가들은 "오션 다크닝이 해양 생태계 전반에 큰 영향을 미칠 수 있다"고 경고해요. 빛이 필요한 해양 생물들이 더 밝은 곳을 찾아 표층 가까이 몰리면, **먹이 경쟁**이 더욱 치열해질 수 있기 때문이에요. 이는 바다 생태계 전체에 큰 변화가 나타날 수 있다는 뜻이에요.

알쏭달쏭 어휘 사전

- **표층(表層)** 여러 층에서 가장 겉에 있는 층.
- **침투(浸透)** 액체 등이 스며들어 퍼짐.
- **서식(棲息)** 생물이 일정한 곳에 자리 잡고 삶.
- **투과(透過)** 빛이 어떤 물질을 지나 통과함.
- **먹이 경쟁(-競爭)** 같은 먹이를 두고 생물들이 서로 다투는 일.

문해력을 높여 주는 배경지식

바다는 왜 파랗게 보일까?

물은 투명한데 바다는 파랗게 보여요. 이는 '빛의 산란' 때문이에요. 산란은 빛이 물질에 부딪혀 여러 방향으로 흩어지는 현상이에요. 태양 빛에는 여러 색이 섞여 있는데, 바닷물에 닿으면 수심에 따라 파장이 긴 빨간빛과 주황빛, 노란빛은 차례대로 먼저 흡수돼요. 반대로 파장이 짧은 파란빛은 더 많이 산란되어 흡수되지 않고 우리 눈에 잘 보여요. 하늘이 파랗게 보이는 이유도 같아요. 공기 속의 작은 입자들이 파란빛을 더 많이 산란시키기 때문이에요.

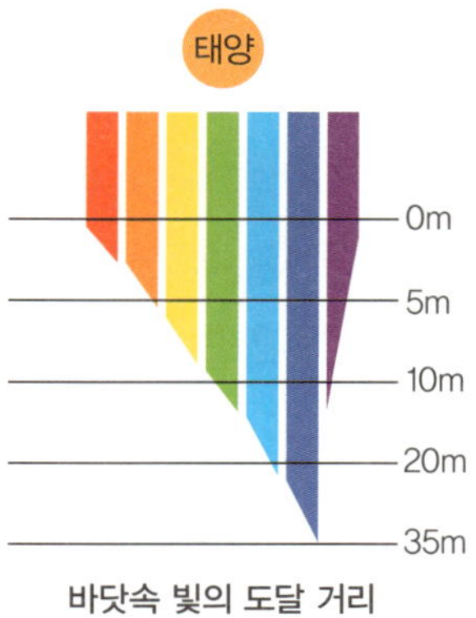

바닷속 빛의 도달 거리

왜 바다가 검게 변할까?

주요 원인은 식물성 플랑크톤의 과도한 번식과 해수면의 온도 상승이에요. 육지와 가까운 바다에는 하수나 토양이 흘러들어 영양분이 쌓이고, 이 때문에 식물성 플랑크톤이 지나치게 늘어나요. 식물성 플랑크톤이 빛을 가리면, 빛이 바다 깊숙이 들어가지 못하지요. 최근에는 바닷물 온도가 오르면서 먼바다에서도 플랑크톤이 빠르게 번식해, 바다가 더 어두워지고 있어요.

바다 생태계는 육지 생태계와 어떻게 다를까?

두 생태계의 가장 큰 차이는 서식지 환경이에요. 육지 생태계는 땅에서 이루어지는데, 식물은 광합성을 하는 1차 생산자예요. 기후에 따라 사막이나 숲처럼 다양한 환경이 생기고, 그에 맞는 생물이 살아가요. 해양 생태계는 물속에서 이루어지며, 식물성 플랑크톤이 1차 생산자예요. 이들도 광합성으로 산소를 만들고 이산화 탄소를 흡수하지요. 산호초와 바다 숲, 깊고 어두운 심해처럼 다양한 환경을 이루고, 독특한 생물이 살아요. 육지와 바다는 연결돼 있어 기후 조절과 생물 다양성에 서로 영향을 미쳐요.

더 생각해 보기

같은 플랑크톤인데, 녹조와 적조는 무엇이 다를까?

녹조와 적조는 모두 플랑크톤이 갑자기 늘어나 생기는 현상이에요. 하지만 플랑크톤의 종류와 발생 환경이 달라요. 녹조는 주로 민물에서 식물성 플랑크톤이 번식해 물이 초록빛으로 변하는 현상이에요. 반면 적조는 바다에서 특정 식물성 플랑크톤이 늘어나 바닷물이 붉게 보이는 현상이지요. 두 현상 모두 물속의 산소를 줄여 물고기와 다른 생물에게 큰 피해를 줘요. 그래서 녹조와 적조는 수질과 생태계 변화를 보여 주는 중요한 지표예요.

1 기사 내용과 같으면 ○, 다르면 × 표시를 하세요.

(1) 오션 다크닝은 바다가 점점 어두워지는 현상이다. ( )

(2) 바다 표층은 전체 해양 생물의 약 10퍼센트만 사는 공간이다. ( )

(3) 오션 다크닝은 태양 빛이 물속 깊이까지 침투하지 못할 때 생긴다. ( )

(4) 오션 다크닝이 생기면 해양 생물의 먹이 경쟁은 줄어든다. ( )

2 밑줄 친 곳에 들어갈 알맞은 어휘를 보기 에서 골라 적으세요.

보기	표층, 침투, 서식, 투과

(1) 빗물이 땅속으로 서서히 ( )해 나무뿌리로 스며들었다.

(2) 펭귄은 남극에 ( )하는 동물이다.

(3) 이 유리는 빛의 ( ) 정도가 높아 안쪽이 훤히 보였다.

(4) 연못 ( )에 잎사귀가 동동 떠 있었다.

3 괄호 안에 알맞은 낱말을 넣어, 기사를 완성해 보세요.

내가 뽑은 제목:

전 세계 해양이 점점 어두워지는 '오션 ( )'이 나타나고 있어요. 바다 표층의 환경이 변하면서 태양 빛이 물속 깊이 ( )하지 못해 생기는 현상이지요. 일부 해역에서는 빛의 ( ) 깊이가 50미터 이상 줄었어요. 이런 변화로 생물들이 더 밝은 곳으로 몰리며 ( )이 치열해질 수 있어요. 이는 해양 생태계에도 큰 영향이 미친답니다.

썩어 가는 바다, 누가 책임져야 할까?

한 지방 자치 단체는 관광객이 늘자 하수 처리장을 더 짓고, 많은 오폐수를 바다로 흘려 보냈어요. 인근 마을 어민들은 개발로 해저가 썩고 악취가 심해졌다며 대책을 요구했지요. 이처럼 개발로 이익을 얻는 쪽과 피해를 겪는 쪽이 다를 때, 개발을 어디까지 허용해야 하고, 그 피해는 누가 책임져야 할까요?

A 개발은 그에 따른 결과를 미리 충분히 연구하고 진행해야 해요. 오폐수를 바다에 흘려 보냈을 때 생태계에 미칠 영향을 대비하지 않았다면, 지자체가 책임지고 해결해야 해요. 바다는 어민들의 생계와 직결된 공간이기 때문이에요.

B 개발에는 어쩔 수 없는 희생이 따르기도 해요. 하수 처리장이 없었다면 오히려 생활 오수가 그대로 바다로 흘러가 더 큰 오염이 생겼을 수도 있어요. 어민들도 이를 감수하고 지자체와 함께 해결 방안을 찾는 데 협력해야 하지 않을까요?

C 문제가 뒤늦게 드러났더라도 어민들의 목소리에 귀 기울여야 해요. 개발을 진행한 지자체는 피해를 입은 어민들에게 보상할 방법을 마련하고, 하수 처리 과정을 개선하려고 노력해야 해요. 개발에 따른 책임을 인정하고 해결책을 찾는 것이 중요해요.

D 하수 처리장은 어민들에게도 꼭 필요한 시설이에요. 관광객이 늘면 지역 경제와 어촌 소득에도 도움이 될 수 있어요. 서로의 입장을 이해하고, 바다를 지키는 공동 대책을 함께 마련하는 것이 가장 바람직하다고 생각해요.

내 생각 정리하기

시대의 아픔이 담긴 민요, 〈새야 새야〉

새야 새야 파랑새야 녹두밭에 앉지 마라
녹두꽃이 떨어지면 청포 장수 울고 간다

새야 새야 파랑새야 우리 논에 앉지 마라
새야 새야 파랑새야 우리 밭에 앉지 마라

아랫녘 새는 아래로 가고 윗녘 새는 위로 가고
새야 새야 파랑새야 우리 밭에 앉지 마라

새야 새야 파랑새야 녹두밭에 앉지 마라
새야 새야 파랑새야 우리 밭에 앉지 마라

새야 새야 파랑새야 녹두꽃이 떨어지면
새야 새야 파랑새야 우리 밭에 앉지 마라

어휘

녹두(綠豆) 밭에서 기르는 콩과 식물로, 작은 초록색 씨를 식용으로 씀.
녹두꽃(綠豆-) 녹두에 피는 꽃.
청포 장수(淸泡-) 녹두로 만든 청포묵을 파는 사람.
아랫녘 기준보다 남쪽 지역.
윗녘 기준보다 북쪽 지역.

중심 내용 요약하기

이해력을 키우는 배경지식

'파랑새'와 '녹두꽃'에 다른 뜻이 있다고?

〈새야 새야〉는 대한 제국 말기에 널리 불린 민요예요. 민요는 예로부터 사람들 사이에서 입으로 전해 내려온 노래로, 특정한 작사자나 작곡자가 없어요. 이 노래에는 동학 농민 혁명이 실패한 뒤 백성이 느낀 슬픔과 절망이 담겨 있어요. 가사에 등장하는 '파랑새'는 청나라 군사나 푸른 군복을 입은 일본군을 가리킨다는 해석이 있고, '녹두꽃'은 녹두 장군 전봉준을 뜻한다고 알려져 있어요. 또 '녹두밭'은 동학 농민군을, '청포 장수'는 백성을 의미한다고 보기도 해요.

왜 이런 노래가 퍼졌을까?

의견이나 주장을 직접 말하기 어려울 때, 다른 사물에 빗대어 표현하는 것을 '상징'이라고 해요. 〈새야 새야〉에서 일본군을 파랑새로, 전봉준을 녹두꽃으로 표현한 것도 상징이지요. 이 노래가 퍼진 조선 말기에는 동학 농민 혁명 이야기를 드러내고 말하기 어려운 분위기였어요. 그래서 사람들은 노래에 상징을 담아, 슬픔을 서로 나누고 위로했을 것으로 여겨져요.

역사 속 사건 알아보기

동학 농민 혁명이란 무엇일까?

1894년 고종 때, 전봉준과 농민들이 함께 일으킨 사회 개혁 운동이에요. 당시 백성들은 높은 세금과 관리의 횡포, 외세의 간섭으로 큰 고통을 겪었어요. 고부 지역 군수 조병갑의 횡포에 맞선 동학 농민군의 항의는 점차 커져, 부패한 정치를 고치고 나라를 바로 세우려는 움직임으로 발전했지요. 일본군이 조선에 들어오자 농민군은 침략을 막기 위해 다시 싸웠어요. 비록 실패했지만, 동학 농민 혁명의 정신은 훗날 항일 의병 투쟁과 3·1운동으로 이어졌어요.

인물 상식

약한 이들의 편에 섰던 지도자, 전봉준(1855~1895년)

동학 농민 혁명에서 농민군을 이끈 지도자예요. 몸집이 작아 '녹두 장군'이라 불렸지요. 그는 부패한 관리와 일본의 침략에 맞서 싸우며 많은 백성의 지지를 받았어요. 임금과 백성이 함께 다스리는 나라를 꿈꿨지만, 끝내 실패해 처형당했어요.

생각을 여는 문해력 테스트

1 〈새야 새야〉에 대한 설명이 옳으면 ○표, 다르면 ×표 하세요.

(1) 〈새야 새야〉에서 '파랑새'는 일본군을 상징한다. (　　　)

(2) '녹두꽃'은 자연 풍경만을 뜻하며 전봉준과 관련이 없다. (　　　)

(3) 〈새야 새야〉의 녹두꽃, 청포 장수 등은 상징 표현이다. (　　　)

2 밑줄 친 곳에 들어갈 알맞은 어휘를 보기 에서 골라 적으세요.

보기	녹두, 녹두꽃, 청포 장수, 아랫녘

(1) 할머니는 (　　　　　　　)로 고소한 빈대떡을 만들었다.

(2) 시장에 가니 시원한 묵을 파는 (　　　　　　　)가 바쁘게 손을 놀리고 있었다.

(3) 들판에 핀 작은 (　　　　　　　)이 바람에 흔들렸다.

(4) 우리는 더 따뜻한 곳을 찾아 (　　　　　　　)으로 여행을 떠났다.

생각을 확장하는 글쓰기

말로 표현하기 어려웠던 감정을 '상징'을 사용해 표현해 보세요.

4주 차

#민생회복소비쿠폰
#APEC정상회의
#인공태양
#이란-이스라엘전쟁
#도시열섬
#선언문

전 국민, 2차 민생회복 소비쿠폰 받았다!

2025년, 정부는 경제를 살리기 위해 2차 민생회복 소비쿠폰을 지급했어요. 소득 하위 90퍼센트 국민은 1인당 10만 원씩 받았고, 사용 기한은 2025년 11월 30일까지였어요.

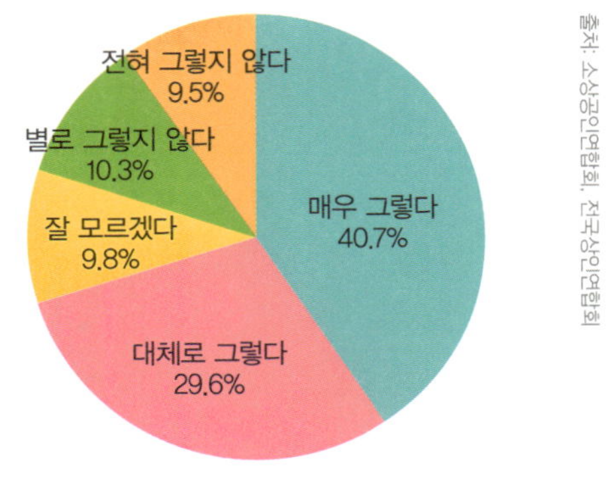

2025년 1차 민생회복 소비쿠폰 정책에 대한 만족도

앞서 정부는 전 국민을 대상으로 1차 민생회복 소비쿠폰을 지원했어요. 전체 대상자의 99퍼센트에 해당하는 약 5천만 명이 신청했고, 약 9조 원 규모였어요. 이때 필요한 재원은 국비로 마련했지요.

민생회복 소비쿠폰에 대한 설문 조사 결과에 따르면 1차 소비쿠폰 만족도는 약 70퍼센트로 매우 높았어요. 소비쿠폰이 풀린 지 한 달 만에 전국 소상공인의 카드 매출은 전년 같은 기간보다 약 7퍼센트 늘었어요. 전문가들은 "소비 심리가 점차 회복되고 있다"고 분석했지요.

한편, 소비쿠폰 재원을 두고 우려가 나왔어요. 나라에서 거둬들인 세금 중 예비비나 기금은 재난이나 위기 상황에 대비해 나라가 모아 둔 돈인데, 이를 선심 쓰듯 사용하는 것은 바람직하지 않다고 비판했지요.

알쏭달쏭 어휘 사전

- **재원**(財源) 돈이 생겨나는 근원이나 마련되는 곳.
- **국비**(國費) 나라에서 부담하는 비용.
- **소상공인**(小商工人) 직원 수가 5인 이하인 작은 가게나 작은 사업을 하는 사람.
- **소비 심리**(消費心理) 사람들이 물건을 사고 싶어 하는 마음이나 경제 상황에 대한 느낌.
- **선심**(善心) 남에게 베푸는 따뜻하고 후한 마음.

세금은 어디에 쓸까?

민생회복 소비쿠폰처럼 나라를 운영하는 데 필요한 비용은 국민이 내는 세금으로 마련해요. 세금은 도로와 학교, 병원 같은 공공시설을 짓고, 복지와 교육, 국방 등 나라 곳곳에 써요. 세금은 나라에 내는 '국세'와 지방 자치 단체에 내는 '지방세'로 나뉘어요. 국세에는 해외에서 들여오는 물건에 붙는 '관세'와 우리나라에서 걷는 '내국세'가 있어요. 내국세는 소득세, 부가 가치세처럼 일반적으로 부과하는 세금과, 교육세나 교통·에너지·환경세처럼 특별한 목적으로 거두는 목적세로 구분해요.

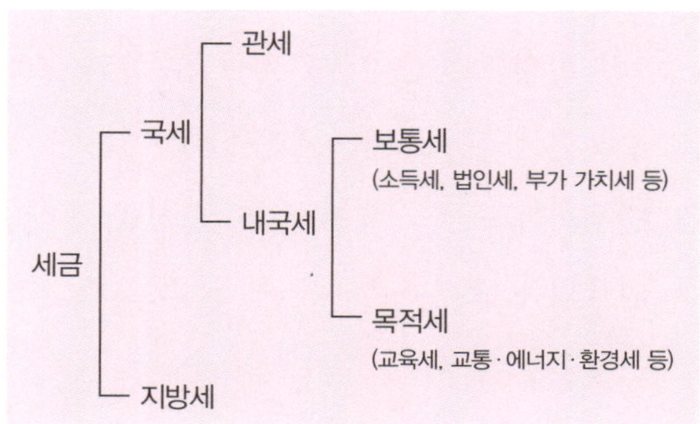

세금의 종류

소비가 늘어야 경제가 살아난다고?

정부가 민생회복 소비쿠폰을 지급하는 이유는 국민의 소비를 늘려 경제를 살리기 위해서예요. 소비가 늘면 기업은 더 많이 생산하고, 일자리도 함께 늘어나는 선순환이 일어나요. 반대로 소비가 줄면 경제는 위축되지요. 그래서 정부는 소비자와 기업을 돕는 여러 정책을 펼쳐요. 물건 가격을 낮추기 위한 부가 가치세 인하, 기업의 투자를 돕는 중소기업 지원금, 소비를 하면 일부를 돌려주는 상생 페이백 등이 있어요.

민생회복 소비쿠폰이 경제에 미치는 영향

민생회복 소비쿠폰은 사용 기간과 장소가 정해져 있어, 짧은 기간 동안 소비가 빠르게 늘어나는 효과가 나타나요. 특히 사용처가 전통 시장이나 동네 가게로 한정되어 소상공인의 매출을 늘리는 데 도움이 돼요. 하지만 소비 효과가 일시적이고, 국가 재정 부담이 커질 수 있다는 점은 함께 고민해야 할 문제예요.

더 생각해 보기

다른 나라도 경기 부양 정책을 펼친다고?

2020년 코로나19가 유행했을 때 여러 나라는 경제를 살리려고 다양한 정책을 시행했어요. 미국은 성인 1인당 1,200달러(한화 약 165만 원)를 지급했어요. 독일은 부가 가치세를 낮추거나 전기차 구입 보조금을 늘려 소비를 유도했지요. 일본은 모든 국민에게 1인당 10만 엔(한화 약 94만 원)을지급했고, 영국은 해고당한 직원의 임금을 정부가 일부 지원했어요. 이처럼 각 나라는 자국의 상황에 맞는 경기 부양 정책을 펼치고 있어요.

1 기사 내용과 같으면 ○, 다르면 × 표시를 하세요.

(1) 2차 민생회복 소비쿠폰은 소득 하위 90퍼센트에게 지급되었다. (　　　)

(2) 2차 민생회복 소비쿠폰은 사용 기한이 정해져 있었다. (　　　)

(3) 민생회복 소비쿠폰 지급 후 소상공인 매출이 줄었다. (　　　)

(4) 민생회복 소비쿠폰 재원을 국비로 마련했다는 점에서 비판도 나왔다. (　　　)

2 밑줄 친 곳에 들어갈 알맞은 어휘를 보기 에서 골라 적으세요.

보기	재원, 국비, 소상공인, 선심

(1) 해외 연수 비용은 학생 개인이 내는 것이 아니라 (　　　　　)로 지원되었다.

(2) 학교 도서관을 꾸미는 데 쓸 (　　　　　)이 아직 부족하다.

(3) 동네 (　　　　　)들은 장사가 잘되는 명절 시즌을 특히 기다린다.

(4) 친구에게 먼저 따뜻한 말을 건네는 것은 (　　　　　)에서 시작된다.

3 괄호 안에 알맞은 낱말을 넣어, 기사를 완성해 보세요.

내가 뽑은 제목: ______________________________

정부는 (　　　　　)를 살리기 위해 소득 하위 90퍼센트에게 1인당 10만 원의 2차 민생회복 (　　　　　)쿠폰을 지급했어요. 1차 지급 때는 대상자 대부분이 신청했고, 필요한 재원은 (　　　　　)로 마련되었어요. 지원금 덕분에 (　　　　　)의 매출이 늘었다는 평가도 있었지만, 예비비나 기금을 사용하는 방식에 대한 우려도 나왔어요.

민생회복 소비쿠폰, 미래 세대의 빚일까?

민생회복 소비쿠폰을 부정적으로 보는 사람도 있어요. 소비를 늘리는 효과가 크지 않은데, 비용이 막대해 결국 미래 세대가 세금으로 갚아야 한다는 거예요. 이 때문에 세대 갈등이 생겼다는 지적도 있어요. 여러분은 어떻게 생각하나요?

A 우리나라는 국가의 빚은 비교적 적고, 개인의 빚은 많은 편이에요. 민생회복 소비쿠폰은 개인이 써야 할 돈을 대신 지원해 주는 정책이에요. 이 덕분에 개인은 빚을 갚거나 저축할 여유가 생겼어요. 그래서 국민의 부담을 줄이는 데 도움이 된다고 생각해요.

B 민생회복 소비쿠폰에 쓰는 돈은 결국 국가의 빚이 되고, 그 부담은 앞으로 경제 활동을 해 나갈 청년 세대가 떠안게 될 거예요. 혜택은 지금 세대가 받고, 책임은 미래 세대가 져야 한다면 형평성에 어긋난다고 생각해요.

C 이 문제는 국가 부채를 개인의 빚처럼 여겨 생긴 오해라고 생각해요. 국가는 국채를 발행하며 빚을 장기적으로 관리해요. 국가 부채는 당장 갚아야 하는 빚이 아니기 때문에, 지금의 지원이 곧바로 미래 세대의 부담이 된다고 보긴 어려워요.

D 세대 갈등으로만 볼 문제는 아니에요. 지금 우리가 이용하는 철도나 도로 같은 공공시설은 기성세대가 낸 세금으로 만들었어요. 그 혜택은 청년과 미래 세대도 함께 누리지요. 사회는 여러 세대가 함께 돕는 공동체라는 점을 잊어서는 안 돼요.

내 생각 정리하기

사회 문화
★★★

핵심 단어: APEC 정상 회의

2025 APEC 정상 회의 성공적으로 마무리해

민주주의는 서로 다른 생각을 존중하며, 대화와 합의를 통해 문제를 해결해 나가는 방식이에요. 이런 민주적인 논의 원칙은 여러 나라가 함께 모이는 국제 무대에서도 중요하게 작동해요.

2025년 10월, 경북 경주에서 아시아태평양경제협력체(APEC) 정상 회의가 성공적으로 마무리됐어요. 이번 정상 회의는 10월 31일부터 11월 1일까지 이틀 동안 열렸고, 21개 회원국 정상과 경제인, 언론인 등 2만여 명이 참석했지요.

개막 첫날, 이재명 대통령을 비롯한 국제통화기금(IMF) 총재, 일본 총리, 캐나다 총리, 미국 대통령, 중국 국가 주석 등 회원국 **정상**들은 서로 **친교**를 다졌어요. 2025년 APEC의 주제는 '우리가 만들어 가는 지속 가능한 내일: 연결, 혁신, **번영**'으로, 경제와 기술, 사회 전반에 걸쳐 폭넓은 논의가 이뤄졌어요.

회원국 정상들은 논의 결과를 담은 '경주 선언'을 만장일치로 채택했어요. 경주 선언에는 저출생과 고령화로 달라지는 인구 구조에 함께 **대응**하고, 인공 지능(AI) 기술 개발을 강화해 그 혜택을 나누자는 내용이 담겼어요. 특히 문화가 새로운 산업과 일자리를 만들어 낼 수 있다는 점을 강조하며, 문화창조산업 협력을 처음으로 공식 문서에 포함해 주목받았지요.

알쏭달쏭 어휘 사전

- **개막(開幕)** 연극, 공연, 행사 등을 시작함.
- **정상(頂上)** 한 나라를 대표하는 최고 지도자.
- **친교(親交)** 친밀하게 사귐.
- **번영(繁榮)** 나라나 단체가 힘이 세지고 활기를 띠는 모습.
- **대응(對應)** 어떤 상황에 맞춰 행동하거나 대처함.

문해력을 높여 주는 배경지식

아시아태평양경제협력체(APEC)란?

아시아와 태평양 연안 나라들이 경제를 함께 발전시키기 위해 만든 국제기구예요. 1989년 우리나라, 미국, 일본, 호주 등 12개국으로 시작해, 지금은 중국, 러시아, 베트남을 비롯하여 총 21개국이 참여해요. 회원국들은 무역과 투자가 자유롭게 이뤄지도록 협력하고, 경제 위기 상황이 생기면 함께 해결책을 논의해요. APEC 정상 회의는 세계 경제 흐름에 영향을 주는 중요한 자리예요. 회의 뒤 발표하는 '공동 선언문'은 국제 무역 규칙과 각 나라의 정책에 영향을 미쳐요.

왜 나라마다 대표 이름이 다를까?

APEC 정상 회의에 모이는 지도자들은 대통령, 총리, 국왕, 국가 주석 등 호칭이 다양해요. 나라마다 역사와 정치 제도가 다르기 때문이에요. 우리나라와 미국처럼 국민이 직접 지도자를 뽑는 대통령제에서는 최고 지도자를 '대통령'이라 불러요. 일본과 캐나다처럼 의회가 지도자를 정하는 의원 내각제에서는 '총리'라고 하지요. 중국처럼 하나의 정당이 권력을 맡는 나라는 지도자를 '국가 주석'이나 '총서기'로 칭한답니다.

다양한 국제회의

G7 정상 회의는 미국, 일본, 영국 등 7개국이 경제와 안보, 환경 문제를 논의하는 모임이에요. G20 정상 회의는 우리나라를 포함한 19개국과 유럽 연합(EU)이 세계 경제를 안정시킬 해법을 찾아요. 금융 위기나 물가 상승처럼 한 나라만으로 해결하기 어려운 문제를 다루지요. 유엔(UN) 총회는 거의 모든 나라가 참여해 평화와 인권, 기후 위기 같은 전 세계적인 과제를 토론해요. APEC과 G7, G20이 주로 경제를 중심으로 논의한다면, 유엔은 더 넓은 분야를 다루는 모임이라고 볼 수 있어요.

더 생각해 보기

민주주의를 이루는 네 가지 약속

민주주의의 가장 중요한 원칙은 나라의 주인이 국민이라는 점이에요. 이를 '국민 주권'이라고 해요. 국민은 선거를 통해 대표를 뽑고, 정치에 참여하며 나라의 방향을 스스로 결정해요. 이렇게 국민이 주체가 되어 나라를 다스리는 것을 '국민 자치'라고 하지요. 또 입법부, 행정부, 사법부가 권력을 나누어 맡아 한쪽에 힘이 쏠리지 않게 해요. 이를 '권력 분립'이라고 하지요. 마지막으로 모든 국가 권력은 헌법에 따라 행사되어야 하며, 국민의 기본권은 반드시 보장되어야 해요. 이것이 '입헌주의'예요.

자신감을 더해 주는 어휘 퀴즈

1 기사 내용과 같으면 ○, 다르면 × 표시를 하세요.

(1) 민주주의는 대화와 합의를 통해 문제를 해결하는 방식이다. (　　　)

(2) 2025 APEC 정상 회의는 대한민국 경주에서 열렸다. (　　　)

(3) APEC 정상 회의는 한 나라만 참여하는 국제회의다. (　　　)

(4) 개막 첫날 회원국 정상들은 서로 친교를 다졌다. (　　　)

2 밑줄 친 곳에 들어갈 알맞은 어휘를 보기 에서 골라 적으세요.

보기	개막, 친교, 번영, 대응

(1) 축제가 (　　　　　　)하자 사람들이 환호하며 모여들었다.

(2) 갑자기 폭우가 내리자 학교는 서둘러 (　　　　　　)에 나섰다.

(3) 적대적이었던 국가가 (　　　　　　)를 맺기로 합의했다.

(4) 꾸준한 노력은 마을의 발전과 (　　　　　　)으로 이어졌다.

3 괄호 안에 알맞은 낱말을 넣어, 기사를 완성해 보세요.

내가 뽑은 제목:

2025년 10월 경주에서 APEC (　　　　　) 회의가 열려 21개 회원국 정상들이 모였어요. (　　　　　) 첫날 이재명 대통령과 각국 정상들은 (　　　　　)를 나누고, 지속 가능한 내일을 위한 논의를 이어 갔어요. 회의 결과로 채택된 경주 선언에는 인구 변화와 AI 기술 발전에 함께 (　　　　　)하자는 내용과 문화창조산업 협력 방안이 담겼어요.

깊이 생각하며 사고력 키우기

어떻게 해야 민주주의가 잘 실행될까?

세계 여러 나라는 APEC 같은 국제회의를 통해 민주주의 가치를 공유하고 실현하려고 노력해요. 또 영국의 시사 주간지 〈이코노미스트〉는 해마다 민주주의 지수를 발표하며, 선거의 공정성이나 표현의 자유, 정부 운영 방식 등을 평가하지요. 그렇다면 민주주의가 제도로 머무르지 않고, 실제로 잘 실행되려면 어떤 노력이 필요할까요?

A 민주주의에서는 자신의 생각을 자유롭게 말할 수 있어야 해요. 언론과 시민이 정부를 비판하거나 다른 의견을 내더라도 불이익을 받지 않는 환경이 중요해요. 표현의 자유가 보장될 때 다양한 의견이 모이고, 더 나은 결정도 가능해요.

B 선거가 공정하게 치러져야 국민의 선택이 정치에 제대로 반영돼요. 투표 과정이 투명하고, 누구나 동등하게 한 표를 행사할 수 있어야 해요. 선거를 신뢰할 수 있을 때 국민들도 정치에 참여하려는 마음을 갖게 될 거예요.

C 정부가 어떤 결정을 내리고 세금을 어떻게 쓰는지 공개하는 것도 중요해요. 정보가 공개되어야 국민이 정책에 대해 의견을 내거나 문제를 지적할 수 있어요. 투명한 정부 운영은 부패를 막고, 국민의 신뢰를 높이는 데 도움이 돼요.

D 민주주의는 국민의 직접적인 참여가 필요해요. 국민이 정치에 관심을 갖고, 자신의 권리와 책임을 이해해야 해요. 투표로 의사를 표현하고, 사회 문제에 목소리를 내는 태도도 민주주의를 지키는 중요한 힘이에요.

내 생각 정리하기

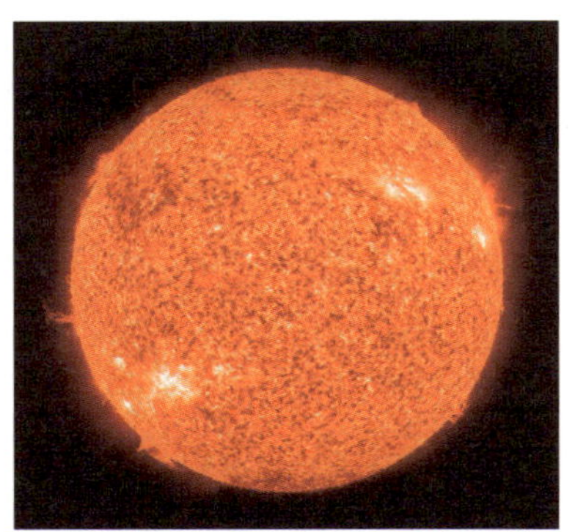

구글은 미국의 한 스타트업과 전력 공급 계약을 맺었어요. 이 스타트업은 '**핵융합** 발전'으로 5~6만 가구가 동시에 사용할 수 있는 전력을 생산할 계획이에요. 이를 위해 세계 최초의 상업용 핵융합 발전소를 건설하고, 2030년대 초부터 구글에 전력을 공급하겠다는 목표를 세웠어요.

핵융합 발전은 태양이 에너지를 만드는 원리를 이용한 기술이에요. 그래서 '인공 태양'이라는 별명도 있지요. 기존 원자력 발전보다 에너지 효율이 3배 이상 높고, 방사성 **폐기물**과 탄소를 거의 배출하지 않는다는 장점이 있어요. 핵융합 발전은 바닷물에 있는 **중수소**를 원료로 사용하는데, 아주 적은 양으로도 큰 에너지를 만들 수 있어요. 핵융합 원료 1그램은 석탄 8톤과 맞먹는 에너지를 낼 정도예요.

하지만 지구에서 태양의 원리를 구현하려면 약 1억 도가 넘는 초고온을 오래 유지해야 하는데, 기술적으로 매우 어려워요. 이 때문에 지금까지 **상용화**가 쉽지 않았지요. 구글은 "늘어나는 에너지 수요와 기후 위기에 대응하기 위해, 미래 에너지인 핵융합 발전에 **승부수**를 던졌다"고 밝혔어요. 핵융합 발전이 상용화된다면, 전력 생산 방식은 물론 우리의 생활 방식까지 크게 바뀔 수 있다는 기대도 나와요.

알쏭달쏭 어휘 사전

- **핵융합**(核融合) 수소 같은 가벼운 원자핵이 서로 결합하면서 큰 에너지를 내는 현상.
- **폐기물**(廢棄物) 더는 쓰지 못해 버리는 물건.
- **중수소**(重水素) 수소와 비슷하지만 더 무거운 원자.
- **상용화**(常用化) 어떤 기술이나 물건이 일상적으로 쓰이게 됨.
- **승부수**(勝負手) 바둑이나 장기에서 승패를 결정짓는 중요한 수.

태양은 어떻게 빛을 낼까?

태양이 내는 빛과 열은 지구의 생명체가 살아가는 데 꼭 필요해요. 이 에너지는 '핵융합'이라는 과정에서 만들어져요. 핵융합은 가벼운 원자핵이 서로 결합하며 큰 에너지를 내는 현상이에요. 태양의 내부 온도는 약 1,500만 도에 이르러요. 이처럼 뜨거운 환경에서는 수소 원자들이 빠르게 움직이고 서로 부딪히면서 헬륨이 만들어져요. 이때 생기는 막대한 에너지가 바로 우리가 느끼는 태양 빛과 열이에요.

핵융합 에너지는 어떻게 발전했을까?

핵융합 원리를 이용해 만드는 에너지는 깨끗하고, 바닷물에서 연료를 얻을 수 있을 만큼 풍부해 '꿈의 에너지'로 불려요. 하지만 1950년대에는 핵융합 원리를 이용해 엄청난 파괴력을 가진 수소 폭탄이 만들어졌어요. 지금은 같은 원리를 전쟁이 아닌 전기 생산에 쓰기 위해 세계 여러 나라가 연구하고 있어요. 핵융합 발전은 아직 기술이 완성되지 않았고, 거대한 시설과 많은 비용이 필요해요. 하지만 성공한다면 인류가 오랫동안 안전하게 사용할 수 있는 에너지가 될 거예요.

핵분열과 핵융합은 무엇이 다를까?

원자력 에너지는 크게 핵분열과 핵융합으로 나뉘어요. 둘 다 원자핵이 변하면서 에너지를 만들지만, 방식이 달라요. 핵분열은 우라늄이나 플루토늄처럼 무거운 원자핵이 쪼개질 때 에너지가 나와요. 현재 원자력 발전소는 이 원리를 이용해 전기를 만들지요. 하지만 발전 과정에서 방사성 폐기물이 생긴다는 단점이 있어요. 반면, 핵융합은 수소처럼 가벼운 원자핵이 서로 합쳐지며 에너지를 만들어요. 방사성 폐기물이 거의 없어 깨끗한 미래 에너지로 주목받고 있어요.

더 생각해 보기

태양도 수명이 있을까?

태양은 우주에 있는 수많은 별 가운데 하나예요. 별마다 수명이 있듯, 태양도 언젠가는 생을 마쳐요. 태양은 핵융합 연료인 수소를 거의 다 쓰면 소멸 단계에 들어가요. 과학자들은 태양의 현재 나이를 약 46억 년, 전체 수명을 약 100억 년으로 보고 있어요. 지금의 태양은 사람에 비유하면 '중년'에 해당해요.

자신감을 더해 주는 어휘 퀴즈

1 기사 내용과 같으면 ○, 다르면 × 표시를 하세요.

(1) 핵융합 발전은 태양이 에너지를 만드는 원리를 이용한 발전 방식이다. ( )

(2) 핵융합 발전은 방사성 폐기물이 많이 생기는 방식이다. ( )

(3) 핵융합 연료 1그램은 석탄 8톤과 비슷한 에너지를 낸다. ( )

(4) 구글은 핵융합 발전이 이미 상용화되었다고 발표했다. ( )

2 밑줄 친 곳에 들어갈 알맞은 어휘를 보기 에서 골라 적으세요.

보기	폐기물, 중수소, 상용화, 승부수

(1) 실험실에서 얻은 ( )를 이용해 새로운 과학 실험을 진행했다.

(2) 그는 어려운 상황을 바꾸기 위해 ( )를 던졌다.

(3) 회사는 연구 중이던 새 기술을 곧 ( )할 계획이다.

(4) 공장에서 나온 ( )은 안전하게 처리해야 한다.

3 괄호 안에 알맞은 낱말을 넣어, 기사를 완성해 보세요.

내가 뽑은 제목:

___

구글은 핵융합 발전으로 ( )를 생산하는 스타트업과 계약을 맺었어요. 핵융합은 ( )의 원리로 에너지를 만들며 방사성 ( )이 거의 없어요. 원료는 바닷물에 있는 ( )로, 아주 적은 양으로도 큰 에너지를 내요. 초고온 환경을 만들기 어려워 상용화가 늦어지고 있지만, 구글은 미래 에너지인 핵융합에 승부수를 던졌다고 밝혔어요.

미래 에너지, 돈이 없으면 사용할 수 없을까?

화석 에너지 고갈과 기후 위기로 신재생 에너지를 비롯한 미래 에너지 개발이 중요해졌어요. 하지만 이런 기술은 주로 선진국이 앞서 개발하고 있어, 돈과 기술이 부족한 나라들은 뒤처질 수 있다는 걱정도 나와요. 여러분은 미래 에너지 개발이 불평등하다고 생각하나요?

A 화석 에너지에서 미래 에너지로 바꾸려면 기술과 인력, 발전 시설이 필요해요. 그만큼 비용도 많이 들어요. 저소득 국가는 이런 부담을 감당하기 어려워요. 그래서 미래 에너지를 개발하는 과정에서 국가 간 불평등이 생길 수 있다고 생각해요.

B 경제적인 불평등뿐 아니라 사회적 불평등도 생길 수 있어요. 선진국이 기술을 제공하는 조건으로 불리한 계약을 요구하면, 저소득 국가는 주권을 지키기 어려워요. 이런 상황을 막기 위해 전 세계가 협의하고 공통된 규칙을 마련해야 해요.

C 기후 위기는 한 나라만의 노력으로 해결할 수 없어요. 선진국만 미래 에너지를 사용한다고 해서 탄소 배출이 줄어들지는 않으니까요. 그러니 모든 나라가 함께 미래 에너지를 사용할 수 있도록 기술을 공유해야 해요.

D 모든 나라가 같은 방식으로 미래 에너지를 쓸 필요는 없다고 생각해요. 각 나라의 자연환경에 맞는 에너지원을 선택하면 비용 부담을 줄일 수 있어요. 예를 들어 큰 강이 있는 나라는 수력 발전을, 밀물과 썰물의 차가 큰 나라는 조력 발전을 활용하는 게 도움이 돼요.

내 생각 정리하기

12일간 이어진 이란-이스라엘 전쟁, 휴전으로 끝나다

2025년 6월 13일 새벽, 이스라엘이 이란의 핵 시설과 군사 시설을 **공습**했어요. 이란의 수도 테헤란과 주변 지역에서는 여러 차례 큰 폭발음이 울렸지요.

기습 공격을 받은 이란은 즉각 **보복**을 **감행**했어요. 이란은 이스라엘을 향해 수백 발의 미사일을 발사했고, 두 나라는 민간인 거주 지역까지 공격하며 공습과 보복을 이어 갔지요. 전쟁이 길어지며 피해도 커졌어요. 이란 정부는 900명 이상이 숨졌다고 밝혔고, 이스라엘도 약 28명이 사망했다고 발표했어요.

민간인 피해가 걷잡을 수 없이 커지자 국제 사회는 두 나라의 분쟁을 **중재**해야 한다고 강하게 요구했어요. 미국의 트럼프 대통령과 카타르의 국왕이 협상에 나서 **휴전**을 이끌기 위해 노력했지요.

그 결과 6월 24일, 이스라엘과 이란은 공격을 멈추고 단계적으로 휴전에 들어갔어요. 12일 동안 이어진 전쟁이 마침내 중단된 거예요. 트럼프 대통령은 SNS를 통해 "이스라엘과 이란이 휴전에 합의했다"며 "휴전 기간 동안 서로를 존중하고 평화를 유지하길 바란다"고 밝혔어요.

알쏭달쏭 어휘 사전

- **공습**(攻襲) 갑자기 공격함.
- **보복**(報復) 당한 것을 그대로 되갚음.
- **감행**(敢行) 과감하게 행동하거나 실행함.
- **중재**(仲裁) 다투는 둘 사이에 끼어들어 화해시킴.
- **휴전**(休戰) 전쟁 중 잠시 싸움을 멈추기로 합의함.

이스라엘은 왜 이란을 공격했을까?

이스라엘은 이란이 핵무기를 개발할 가능성이 크다고 판단해 공격했어요. 이란이 핵무기를 보유했다는 확실한 증거는 없지만, 고농축 우라늄을 확보했고 핵폭탄 관련 기술을 연구해 왔다는 보도가 이어졌기 때문이에요. 전문가들은 이스라엘이 이란의 핵 개발 속도를 늦추려는 목적에서 먼저 공격했다고 분석해요.

수십 년 동안 이어 온 '그림자 전쟁'

과거에는 이스라엘과 이란의 관계가 지금처럼 나쁘지 않았어요. 하지만 1979년 이란의 이슬람 혁명 이후 상황이 달라졌지요. 당시 이란의 최고 지도자 호메이니는 이스라엘과 외교 관계를 끊고 팔레스타인을 지지했어요. 그 뒤로 두 나라는 서로를 적으로 여기며 긴장 관계를 이어 왔어요. 직접 전쟁을 벌이지는 않았지만, 암살 시도나 사이버 공격처럼 드러나지 않는 충돌이 계속됐어요. 이런 갈등을 '그림자 전쟁'이라고 불러요. 그런데 이번에는 이스라엘이 이란 본토를 공격하며 갈등이 공개적인 충돌로 번졌어요.

미국과 카타르가 중재에 나선 이유

미국은 이스라엘의 오랜 동맹국으로, 이란의 핵 개발을 계속 제재해 왔어요. 이스라엘이 이란을 공격하자 국제 사회는 미국이 참전해 전쟁이 더 커질 수 있다고 우려했지요. 그러나 미국은 군사 개입 대신 외교적 해결을 선택했고, 카타르와 함께 중재에 나섰어요. 카타르는 중동에 갈등이 있을 때 중재자 역할을 해 온 나라예요. 이번에도 미국은 이스라엘을, 카타르는 이란을 설득해 휴전에 합의하도록 도왔지요. 하지만 이스라엘과 이란 사이에 여전히 긴장이 이어지고 있어요.

더 생각해 보기

핵무기를 보유한 나라

현재 공식적으로 핵무기를 보유한 나라는 미국, 러시아, 영국, 프랑스, 중국 다섯 나라예요. 1969년 유엔은 핵확산금지조약(NPT)을 채택해 이들만 핵보유국으로 인정했어요. 그 밖의 나라들은 핵무기 개발을 금지했지요. 2025년 기준 NPT 가입국은 191개국이에요. 가입하지 않은 인도, 파키스탄, 이스라엘, 북한은 핵을 보유하거나 실험 중인 것으로 알려져 있어요.

자신감을 더해 주는 어휘 퀴즈

1 기사 내용과 같으면 ○, 다르면 × 표시를 하세요.

(1) 이스라엘은 2025년 6월 13일 이란을 공습했다. (　　　)

(2) 이란은 공격을 받고도 보복하지 않았다. (　　　)

(3) 전쟁으로 이란과 이스라엘에서 민간인 사망자가 발생했다. (　　　)

(4) 이란과 이스라엘의 휴전은 국제 사회의 중재로 이루어졌다. (　　　)

2 밑줄 친 곳에 들어갈 알맞은 어휘를 보기 에서 골라 적으세요.

보기	공습, 감행, 중재, 휴전

(1) 비가 많이 오는데도 그는 무리한 산행을 (　　　　　)했다.

(2) 새벽에 적군의 갑작스러운 (　　　　　)으로 마을이 큰 피해를 입었다.

(3) 두 나라는 오랜 전쟁 끝에 (　　　　　)에 합의했다.

(4) 선생님은 다투는 두 친구 사이를 (　　　　　)했다.

3 괄호 안에 알맞은 낱말을 넣어, 기사를 완성해 보세요.

내가 뽑은 제목: ______________________________

2025년 6월 13일, 이스라엘이 이란의 핵 시설과 군사 시설을 (　　　　　)하며 전쟁이 시작됐어요. 이란도 미사일 공격으로 (　　　　　)을 감행했지요. 양국이 대규모 폭격을 주고받자 민간인 피해가 걷잡을 수 없이 커졌어요. 국제 사회는 두 나라의 분쟁을 (　　　　　)하러 나섰고, 결국 6월 24일 (　　　　　) 합의가 이루어졌어요.

우리나라도 핵무기를 가져야 할까?

국제 사회는 지구촌의 평화를 지키기 위해 핵확산금지조약(NPT)을 맺어, 더 많은 국가가 핵무기를 갖지 못하도록 제한해요. 하지만 인도, 파키스탄, 이스라엘, 북한은 이 조약에 가입하지 않고 핵 개발을 이어 가고 있지요. 그렇다면 국가 안보를 위해 우리나라도 핵무기를 갖는 것이 좋을까요?

A 한반도는 분단 상태이고, 북한과 아직 휴전 중이에요. 북한이 핵무기를 개발하고 있는 상황에서 우리도 안보를 지키기 위한 대응책을 고민해야 해요. 핵무기를 보유하면 상대의 공격을 막는 역할을 할 수 있으니 진지하게 검토할 필요가 있다고 생각해요.

B 북한이 탄도 미사일을 발사할 때마다 불안해요. 미국이 동맹국이긴 하지만, 북한도 핵 보유국인 중국, 러시아와 가까워요. 이런 국제 정세를 생각하면 우리도 스스로를 지킬 수 있는 힘이 필요해요.

C 북한이 핵을 가졌다고 해서 우리도 가져야 한다는 생각은 단순해요. 우리나라가 핵을 보유하면 NPT를 어기게 되고, 국제 사회의 신뢰를 잃을 수 있어요. 외교적, 경제적 제재를 받을 가능성도 있어서 이익보다 손해가 더 클지도 몰라요.

D 우리나라의 핵무기 보유에 반대해요. 모두의 평화를 위해 국제 사회와 협력해 핵 개발을 막아야지, 우리도 핵 경쟁에 뛰어들어서는 안 된다고 생각해요.

내 생각 정리하기

"47.4도 찍었다!" 펄펄 끓는 유럽

2025년 여름, 유럽이 폭염으로 펄펄 끓었어요. 포르투갈 모라는 46.6도, 스페인 그라나다는 무려 46도까지 치솟았지요. 프랑스도 낮 최고 기온이 40도를 넘으며 공립 학교 1,350곳이 휴교했어요. 폭염으로 경제적 피해가 커졌고, 사망자도 **속출**했어요.

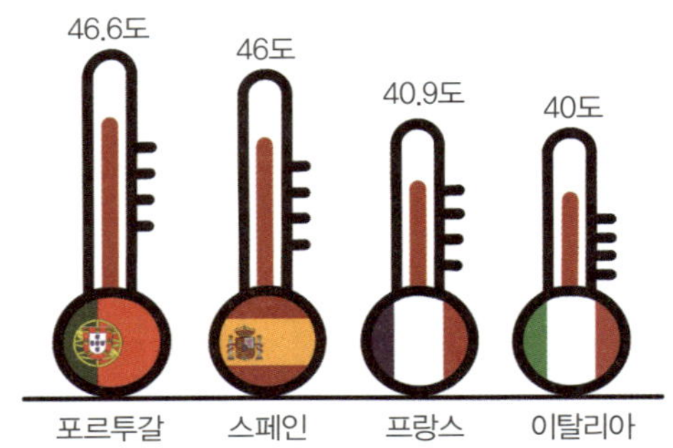

2025년 7월 유럽 최고 기온

보통 북반구에서 가장 무더운 시기는 7월이지만, 이번 폭염은 6월부터 시작된 점이 **이례적**이에요. 세계기상기구(WMO)는 유럽 폭염의 주요 원인으로 지중해의 해수 온도 상승을 꼽았어요. WMO는 북아프리카에서 **형성**된 고온 건조한 고기압이 뜨거운 공기를 유럽 상공에 가두었다고 설명했어요. 이 현상을 '열돔'이라고 해요. 열돔의 **발원지**와 가까운 모로코와 알제리는 심한 가뭄을 겪었어요.

폭염을 키우는 요인 중 하나인 도시 열섬 현상은 콘크리트 건물과 아스팔트 도로가 낮 동안 흡수한 열을 밤에도 내보내지 못해, 도시의 온도가 주변보다 **현저히** 높아지는 현상이에요. 높은 온도로 둘러싸인 모습이 마치 섬처럼 보여 '열섬'이라 불러요.

WMO는 "기후 변화로 극심한 폭염이 앞으로 더 자주, 더 강하게 나타날 것"이라고 경고했어요.

알쏭달쏭 어휘 사전

- **속출**(續出) 계속 이어서 나타남.
- **이례적**(異例的) 흔히 있는 일과 달리 특별하고 드문.
- **형성**(形成) 어떤 형상을 이룸.
- **발원지**(發源地) 어떤 일이 처음 일어난 곳.
- **현저히**(顯著-) 뚜렷하게 눈에 띄게.

문해력을 높여 주는 배경지식

열돔이 도시를 오염시킨다고?

열돔은 지상 약 5~10킬로미터 상공에 머무는 강한 고기압이 뜨거운 공기를 가두며 생기는 현상이에요. 더운 공기가 빠져나가지 못해 기온이 5~10도 이상 오르고, 폭염과 열대야가 이어져요. 바람도 약해 공기가 정체되면서 미세 먼지와 대기 오염이 심해지지요. 열돔은 사람과 생물의 건강을 위협하고, 산불 위험도 크게 높여요.

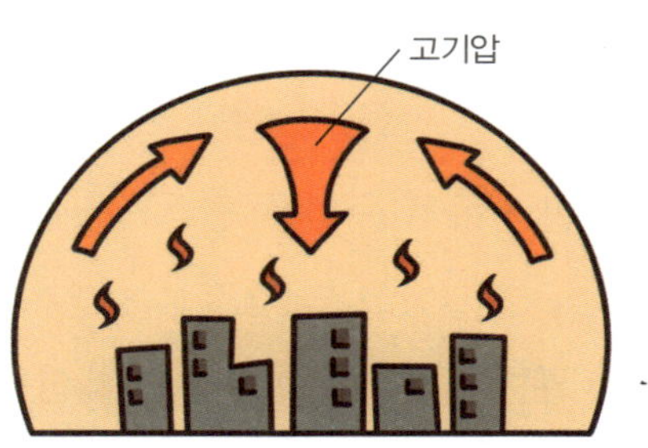

고기압이 공기를 가둔 열돔 현상

녹지와 연못이 도시의 에어컨이 된다고?

나무와 물은 도시의 열을 식히는 데 도움이 돼요. 식물은 광합성을 하며 주변 온도를 낮추고, 물은 증발하면서 열을 흡수해요. 그래서 세계 여러 도시는 녹지 공간을 늘리는 데 힘써요. 독일 슈투트가르트는 철길과 도로 주변을 녹지로 바꾸고, 건물 지붕을 식물로 덮었어요. 프랑스 파리는 자전거 도로를 늘리고 나무를 대규모로 심어 도시 열을 낮추고 대기 오염을 줄이고 있어요. 우리나라도 가로수와 녹지를 늘리고, 탄소 중립 정원을 조성해 도시 기온을 낮추려고 노력해요.

우리 동네를 흰색으로 칠하면 시원해진다고?

흰색은 햇빛을 잘 반사해 열을 덜 흡수해요. 미국 로스앤젤레스에서는 검은 아스팔트 도로에 흰색 특수 페인트를 칠하는 실험을 진행했어요. 그 결과 도로 표면 온도가 내려가고, 주변 온도도 낮아졌지요. 뉴욕을 비롯해 프랑스 파리, 브라질 상파울루 등 세계 여러 도시도 건물 외벽과 지붕을 밝은색으로 바꾸고 있어요. 이렇게 하면 옥상과 실내 온도가 내려가고, 에어컨 사용량을 줄이는 데 도움이 돼요.

더 생각해 보기

폭염일수록 물을 마셔야 하는 이유

날씨가 더우면 우리 몸은 체온을 낮추기 위해 땀을 흘려요. 땀이 증발하면서 몸의 열을 식혀 주지만, 그만큼 몸속 물과 염분도 빠져나가요. 수분이 부족하면 어지러움이나 두통 같은 열탈진 증상이 나타날 수 있어요. 또 땀이 잘 나지 않아 체온이 더 오를 수도 있지요. 그래서 폭염에는 갈증이 나지 않아도 물을 자주 마셔 몸속 수분을 채우는 것이 중요해요.

자신감을 더해 주는 어휘 퀴즈

1 기사 내용과 같으면 ○, 다르면 × 표시를 하세요.

(1) 열돔은 강한 고기압이 뜨거운 공기를 가두며 생기는 현상이다. (　　　)

(2) 이번 유럽 폭염은 평소보다 늦은 8월에 시작되었다. (　　　)

(3) 도시 열섬은 열이 잘 식지 않아 도시 온도가 높아지는 현상이다. (　　　)

(4) 폭염의 주된 원인은 지중해의 낮은 해수 온도 때문이다. (　　　)

2 밑줄 친 곳에 들어갈 알맞은 어휘를 보기 에서 골라 적으세요.

보기	속출, 이례적, 형성, 발원지

(1) 올해는 (　　　　　　　)으로 첫눈이 빨리 내렸다.

(2) 이 산은 한강의 (　　　　　　　)로 알려져 있다.

(3) 구름 모양은 바람과 기온에 따라 자연스럽게 (　　　　　　　)된다.

(4) 대회에서 신기록이 (　　　　　　　)하며 관중이 환호했다.

3 괄호 안에 알맞은 낱말을 넣어, 기사를 완성해 보세요.

내가 뽑은 제목: ______________________________

2025년 여름, 유럽은 40도를 넘는 (　　　　　　)을 겪으며 학교가 휴교하고 사망자가 (　　　　　　)하는 등 피해가 컸어요. WMO는 6월부터 시작된 이른 폭염의 원인으로 지중해 (　　　　　　) 온도 상승을 꼽았어요. 북아프리카에서 형성된 고기압이 뜨거운 공기를 유럽 상공에 가두었다고 설명했지요. 여기에 도시 (　　　　　　) 현상까지 겹치며 폭염이 더 악화됐어요.

문화유산 보호를 위해 에어컨 설치를 제한해야 할까?

유럽 여러 도시의 오래된 건물은 그 자체로 문화유산이에요. 때문에 집을 고치거나 에어컨을 설치하는 데 제한이 있어요. 하지만 최근에는 폭염이 계속되면서 학교가 쉬고, 시민들이 큰 불편을 겪는 일이 늘고 있지요. 그렇다면 문화유산과 시민의 안전 중 무엇을 더 우선해야 할까요?

A 폭염은 사람의 생명과 건강을 위협해요. 더위 때문에 학교가 문을 닫고, 노약자가 쓰러지는 일도 생기잖아요. 문화유산도 중요하지만, 사람의 안전이 먼저라고 생각해요.

B 유럽의 오래된 도시와 건물은 소중한 문화유산이고 역사예요. 에어컨 실외기를 무분별하게 달면 그 모습이 훼손될 수 있어요. 그러면 지역의 정체성이 함께 사라질 거예요. 한 번 훼손된 문화유산은 되돌리기 힘들어요.

C 모든 곳에 에어컨을 설치할 필요는 없어요. 하지만 학교, 병원, 노인 거주 시설처럼 꼭 필요한 곳에는 예외적으로 설치하면 어떨까요? 문화유산은 지키면서도, 폭염에 취약한 사람들은 보호할 수 있을 거예요.

D 에어컨은 당장 더위를 식힐 수 있지만, 에너지를 많이 써서 결국 지구 온난화가 더 심해져요. 나무를 심거나 건물 구조를 바꾸는 친환경적인 방법도 있어요. 에어컨을 늘리기보다 도시 전체를 시원하게 만드는 새로운 대책을 함께 고민해야 해요.

내 생각 정리하기

나라의 미래를 밝힌 3·1 독립 선언문

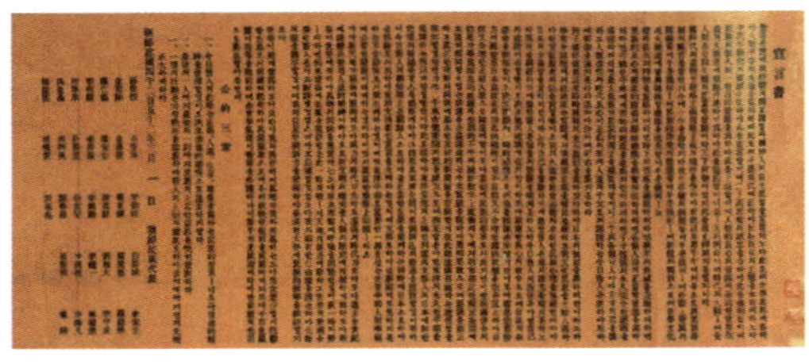

우리는 여기에 우리 한국이 독립된 나라이며, 한국 사람이 자주적인 국민임을 선언하노라. 이를 통해 세계 모든 나라에 인류가 평등하다는 큰 뜻을 밝히고, 자손만대에 일러 겨레가 스스로 존재하는 마땅한 권리를 영원히 누리도록 하노라.

반만년 역사의 권위에 의지해 이를 선언하는 터이며, 이천만 민중의 충성을 모아 이를 널리 알리는 터이며, 겨레의 한결같은 자유와 발전을 위하여 이를 주장하는 터이다. 또한 사람 된 양심의 발로로 비롯된 세계 개조의 큰 기운에 순응해 나가기 위해 이를 드러내는 터이니, 이는 하늘의 명령이며 시대의 대세이고, 온 인류가 더불어 살아갈 권리의 정당한 발동이므로, 하늘 아래 그 무엇도 이를 막거나 누르지 못할 것이다. …

어휘

자주(自主) 남의 도움이나 간섭 없이 스스로 일을 처리함.
겨레 같은 핏줄과 문화를 가진 사람들.
발로(發露) 숨겨진 일이 겉으로 드러남.
대세(大勢) 일이 흘러가는 큰 흐름이나 형세.
발동(發動) 어떤 일이 움직이기 시작함.

중심 내용 요약하기

이해력을 키우는 배경지식

독립 선언문은 누가, 언제 만들었을까?

독립 선언문은 1919년 3월 1일, 독립 만세 운동을 앞두고 민족 대표 33인이 우리나라가 독립 국가임을 알리기 위해 발표한 글이에요. 선언문의 초안은 당시 언론인이었던 최남선이 썼고, 마지막 부분인 '공약 삼장'은 시인 한용운이 덧붙였다고 알려져 있어요. 이 선언문은 폭력 대신 평화적인 방법으로 독립을 이루겠다는 의지를 담고 있어요.

우리나라 독립 선언문에 영향을 준 나라가 있다고?

선언문은 중요한 뜻과 결심을 세상에 공식적으로 알리는 글이에요. 영국의 식민지였던 북아메리카 대륙의 13개 주는 1776년 독립 선언문을 발표하며 미합중국을 세웠어요. 미국의 독립 선언문은 자유와 평등을 강조해 근대 민주주의의 뿌리가 되었고, 많은 나라가 이를 본보기로 삼아 독립을 선언했지요. 우리나라의 독립 선언문도 이러한 세계적 흐름 속에서 탄생했어요.

역사 속 사건 알아보기

3·1 만세 운동이란 무엇일까?

1919년, 대한 제국의 황제 고종이 갑작스럽게 세상을 떠나자 '일본이 독살했다'는 소문이 퍼졌어요. 백성들의 분노가 커졌고, 국내외에서 독립운동의 분위기가 더욱 뜨거워졌지요. 이에 민족 지도자들은 뜻을 모아 3월 1일 독립 선언문을 발표하고, 폭력 대신 태극기를 흔들며 독립을 외쳤어요. 이것이 3·1 만세 운동이에요. 만세 운동은 약 3개월 동안 전국으로 퍼졌고, 이 일을 계기로 세계에 우리나라의 상황을 알릴 수 있었어요. 이후 중국 상하이에 대한민국 임시 정부를 세우는 중요한 계기가 되었어요.

인물 상식

독립을 세상에 알린 사람들, 민족 대표 33인

3·1 만세 운동 때 우리 민족을 대표해 독립 선언문에 서명하고 발표한 사람들이에요. 종교계, 교육계, 언론계에서 활동하던 인물들로, 민족이 하나 되어 독립을 이루겠다는 뜻을 세계에 알리고자 모였어요. 대표 인물로는 천도교의 손병희, 기독교계의 이승훈, 불교계의 한용운이 있어요. 민족 대표 33인은 감옥살이를 각오하면서도 독립에 대한 신념을 지켰고, 이들의 용기 있는 선택은 3·1 만세 운동이 전국으로 퍼지는 데 큰 힘이 되었어요.

생각을 여는 문해력 테스트

1 3·1 독립 선언문에 대한 설명이 옳으면 ○, 틀리면 × 표시를 하세요.

(1) 3·1 독립 선언문은 민족 대표 33인이 발표했다. (　　　)

(2) 3·1 독립 선언문은 평화적인 방법으로 독립 의지를 드러냈다. (　　　)

(3) 3·1 만세 운동을 계기로 대한민국 임시 정부가 세워졌다. (　　　)

2 밑줄 친 곳에 들어갈 알맞은 어휘를 보기에서 골라 적으세요.

보기	자주, 겨레, 대세, 발동

(1) 친구는 문제를 스스로 해결해 나가는 (　　　　　)적인 성격이다.

(2) 요즘은 환경을 생각하는 소비가 (　　　　　)다.

(3) 문화유산에는 우리 (　　　　　)의 삶과 지혜가 담겨 있다.

(4) 연기가 나자 화재경보기가 (　　　　　)했다.

생각을 확장하는 글쓰기

내가 생각하는 '용기 있는 행동'을 한 가지 고르고, 그 이유를 써 보세요.

5주 차

#슈링크플레이션
#문화유산환수
#생물다양성
#북극항로
#탈원전
#실록

치킨, 화장품, 과자……
가격은 그대로인데 양이 줄었다!

개암이는 편의점에서 '초코팡팡'을 보자마자 신나서 집어 들었어요. 하지만 봉지를 뜯는 순간 울상이 되었지요. 커다란 봉지에 과자가 절반도 들어 있지 않았기 때문이에요. 자주 사 먹던 과자인데, 갑자기 양이 줄어들어 개암이는 의아했어요.

최근 물가가 오르면서 가격을 올리는 대신, 제품의 용량을 줄이거나 더 저렴한 원료를 쓰는 경우가 점점 늘고 있어요. 이를 '슈링크플레이션'이라고 해요. '줄어든다'는 뜻의 슈링크(Shrink)와 '물가 상승'을 뜻하는 인플레이션(Inflation)을 합친 말이에요.

얼마 전 외식업계에서도 슈링크플레이션이 논란이 됐어요. 한 유명 치킨 브랜드가 일부 메뉴의 중량을 줄이고, 닭 다리 살 대신 더 저렴한 닭 가슴살을 섞어 판매했기 때문이에요. 소비자들은 "가격은 그대로인데 양과 재료가 달라졌다"며 꼼수를 부렸다고 분통을 터뜨렸어요. 게다가 회사는 이런 변동 사항을 소비자에게 미리 알리지 않아 더 큰 비난을 받았지요.

한 화장품 회사도 제품 중량을 100그램에서 90그램으로 줄이겠다고 밝혔어요. 가격은 그대로지만, 용량이 줄어든 만큼 소비자는 더 비싸게 사는 셈이에요.

알쏭달쏭 어휘 사전

- **의아(疑訝)** 의심스럽고 이상함.
- **중량(重量)** 물건의 무거운 정도.
- **꼼수** 쩨쩨한 수단이나 방법.
- **분통(憤痛)** 너무 화가 나서 억울하고 속이 쓰린 마음.
- **변동(變動)** 어떤 것이 바뀌어 달라짐.

문해력을 높여 주는 배경지식

가격과 물가는 어떻게 다를까?

가격은 한 가지 상품을 살 때 내는 돈이에요. 여러 상품의 가격을 모아 평균을 낸 것이 물가지요. 가격은 물건을 사려는 수요와 팔려는 공급이 만나 결정돼요. 일정 기간 동안 평균 가격이 어떻게 변했는지를 보면 물가를 알 수 있어요. 물가가 오르면 같은 돈으로 살 수 있는 물건이 줄고, 물가가 내리면 같은 돈으로 더 많은 물건을 살 수 있어요. 물가는 가격뿐 아니라 물건을 만드는 데 드는 재룟값과 인건비의 영향도 받아요. 또 전쟁이나 환율 변화 같은 국제 상황, 가뭄과 태풍 같은 자연재해에 따라 달라지지요.

슈링크플레이션 말고 '스킴플레이션'도 있다고?

슈링크플레이션이 가격을 바꾸지 않고 제품의 양을 줄이는 현상이라면, 스킴플레이션(Skimpflation)은 가격은 그대로인데 서비스 품질이 떨어지는 현상이에요. '인색하게 굴다'라는 뜻의 스킴프(Skimp)와 '물가 상승'을 의미하는 인플레이션을 합친 말이지요. 예를 들어, 식당에서 평소 나오던 반찬 가짓수가 줄어들거나 항공사에서 기내 서비스를 유료로 바꾸는 경우, 배달 음식에서 기본 제공품이 사라지는 것도 스킴플레이션이에요.

소비자를 유혹하는 판매 전략

사람은 항상 합리적으로 소비하지는 않아요. 소비자는 감정과 심리에 영향을 받기 때문에 기업은 다양한 판매 전략을 사용해요. 대표적인 것이 '9의 가격 전략'이에요. 1만 원 대신 9,990원으로 표시하면 실제 차이는 거의 없지만 더 싸게 느껴지지요. '한정판'이나 '타임세일'도 비슷해요. 살 수 있는 수량이나 시간이 제한되면, 소비자는 '지금 사야 한다'는 마음에 충동구매를 하기도 해요.

더 생각해 보기

소비자의 권리와 기업 윤리

소비자에게는 제품 정보를 알 권리와 피해를 입었을 때 보상받을 권리가 있어요. 이 밖에도 안전할 권리, 선택할 권리, 의견을 내고 반영될 권리도 있지요. 기업은 이윤을 추구하되 소비자의 권리를 지키며 공정하게 거래해야 해요. 제품을 안전하게 만들고, 거짓 광고를 하지 않는 것 역시 중요한 기업 윤리예요. 이런 원칙을 지키는 기업이 소비자의 신뢰를 얻고 오래 성장할 수 있어요.

자신감을 더해 주는 어휘 퀴즈

1 기사 내용과 같으면 ○, 다르면 × 표시를 하세요.

(1) 슈링크플레이션은 가격은 그대로 두고 양을 줄이는 현상이다. (　　　)

(2) 개암이가 산 과자는 봉지가 가득 찰 만큼 양이 많았다. (　　　)

(3) 슈링크플레이션은 '줄어든다'는 뜻의 슈링크와 인플레이션을 합친 말이다. (　　　)

(4) 용량이 줄어들면 소비자는 더 비싸게 사는 셈이다. (　　　)

2 밑줄 친 곳에 들어갈 알맞은 어휘를 보기 에서 골라 적으세요.

보기	의아, 꼼수, 분통, 변동

(1) 그는 게임에서 이기려고 (　　　　　　)를 쓰다가 들켰다.

(2) 약속을 어겼다는 말을 듣고 (　　　　　　)이 터졌다.

(3) 최근 날씨 (　　　　　　)이 심해 더웠다가 갑자기 추워지곤 한다.

(4) 친구가 숙제를 다 했다고 하길래 (　　　　　　)한 마음이 들었다.

3 괄호 안에 알맞은 낱말을 넣어, 기사를 완성해 보세요.

내가 뽑은 제목: ______________________

개암이는 평소 먹던 과자의 양이 절반도 되지 않아 의아했어요. 최근에는 가격을 그대로 두고 제품량을 줄이는 '(　　　　　)플레이션'이 늘고 있어요. 치킨 브랜드가 일부 메뉴의 (　　　　　)을 줄이고 값싼 부위를 섞어 파는 (　　　　　)를 부리자 소비자들은 (　　　　　)을 터뜨렸지요. 화장품 회사도 용량을 줄이겠다고 밝혀 논란이 이어지고 있어요.

'원 플러스 원', 정말 공짜일까?

물건 하나를 사면 하나를 더 주는 '원 플러스 원' 상품이 있어요. 마치 하나를 공짜로 주는 것처럼 보이지요. 하지만 실제로는 가격과 양을 조절해 더 많이 사게 만드는 기업의 판매 전략이에요. 이런 판매 방식에 대해 여러분은 어떻게 생각하나요?

A 원 플러스 원은 결국 필요하지 않은 물건까지 사게 만들어요. 특히 당장 쓰지 않을 물건도 '공짜'라는 생각에 고르게 되지요. 소비자를 착각하게 만드는 방식은 기업 윤리에 어긋나기 때문에 이런 판매 전략은 없어져야 한다고 생각해요.

B 친구와 함께 초코우유를 먹고 싶을 때 원 플러스 원 상품을 사서 돈을 나눠 낸 적이 있어요. 그때는 반값에 먹는 느낌이라 좋았어요. 이렇게 필요한 물건을 계획적으로 고른다면 소비자에게 이익이 될 수도 있어서, 잘 판단해 구매하면 된다고 생각해요.

C 기업의 가장 큰 목적은 이윤을 남기는 거예요. 원 플러스 원은 판매를 늘리려는 여러 방법 중 하나일 뿐이에요. 소비자가 선택할 수 있다면, 이런 전략을 무조건 나쁘다고 보기는 어려워요.

D 이런 판매 전략으로 기업이 수익을 많이 얻으면, 근무 환경을 개선하거나 직원을 더 채용할 수 있어요. 또 제품과 서비스의 질을 높이는 데 투자할 수도 있지요. 결국 그 혜택이 소비자에게 돌아올 수 있다고 생각해요.

내 생각 정리하기

일본에 넘어갔던 관월당, 100년 만에 고국으로

2025년 6월, 조선 시대 왕실 사당으로 추정되는 관월당이 100년 만에 **고국**으로 돌아왔어요. 관월당은 일제 강점기 때 일본으로 유출됐다가, 한일 국교 정상화 60주년을 맞아 정식으로 **환수**됐지요. 문화유산 환수 사례 가운데 건물 전체가 온전히 돌아온 것은 이번이 처음이에요.

관월당은 정면 3칸, 측면 2칸 규모의 **단층** 목조 건축물이에요. 맞배지붕과 기와 장식을 갖춘 모습으로 보아 조선 후기 왕실 사당으로 여겨져요. 사당은 조상 이름을 적은 나무패를 모시고 제사를 지내던 곳으로, 관월당은 규모가 작아 왕의 아들인 대군급을 위한 사당이었을 가능성이 커요.

국가유산청은 관월당이 "원래 서울 지역에 있었을 가능성이 높다"고 설명했어요. 일제 강점기 당시 왕실이 돈을 빌리며 조선식산은행에 담보로 잡혔고, 이후 일본 재력가에게 넘어간 것으로 추정돼요. 관월당은 1930년대 도쿄로 옮겨져 사찰의 기도 공간으로 사용되다가, 국가유산청의 요청으로 한국에 돌아오게 되었어요.

현재 여러 전문가가 **투입**돼 본격적인 연구와 **복원**이 진행 중이에요. 지어진 시기, 원 위치, 모셨던 인물 등을 밝힌 뒤, 가능한 한 옛 모습 그대로 복원할 계획이에요.

알쏭달쏭 어휘 사전

- **고국**(故國) 자기 조상 때부터 살아온 나라.
- **환수**(還收) 빼앗기거나 나간 것을 다시 거두어들임.
- **단층**(單層) 층이 하나뿐인 구조.
- **투입**(投入) 사람이나 물자, 돈을 필요한 곳에 넣어 씀.
- **복원**(復原) 원래 모습으로 다시 되돌림.

문해력을 높여 주는 배경지식

해외에 있는 대한민국 문화유산

2025년 1월 기준, 해외로 유출된 우리 문화유산은 24만 7천여 점이에요. 일본이 가장 많이 소유하고 있고, 그다음은 미국, 독일, 중국, 영국 순이에요. 대부분 박물관이나 미술관에 있지만, 개인이 소장해 정확히 파악되지 않은 것도 많아요. 우리나라는 세계 곳곳에 흩어진 문화유산을 되찾기 위해 협상을 이어 가고 있어요. 필요할 때는 구입하거나 기증받는 방식으로 환수하기도 해요.

우리 문화유산이 해외에 있는 이유

가장 큰 이유는 전쟁과 약탈이에요. 임진왜란(1592년), 병자호란(1636년), 병인양요(1866년), 신미양요(1871년) 같은 혼란한 시기에 일본과 서구 열강이 많은 문화유산을 가져갔어요. 일제 강점기에는 왕릉을 파헤치거나 몰래 거래하는 불법 약탈도 이어졌어요. 외교관이나 선교사에게 선물했거나 직접 구입한 경우도 있지만, 이런 사례는 상대적으로 적어요.

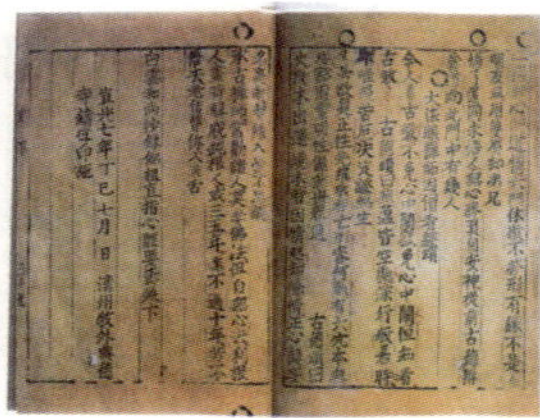

아직 돌아오지 못한 문화유산(몽유도원도, 직지, 수자기)

해외에 있는 문화유산, 왜 쉽게 가져오지 못할까?

우리나라 문화유산의 환수율은 2024년 기준 약 5퍼센트에 불과해요. 빼앗긴 물건이니 돌려받는 것이 당연해 보이지만, 실제로는 쉽지 않아요. 해외 기관이나 개인이 "정당하게 소유했다"고 주장하거나, 유출 과정을 분명하게 증명하기 어려운 경우가 많기 때문이에요. 그래서 국가유산청은 해외에 있는 문화유산의 가치와 유출 경로를 하나하나 조사하며 환수를 추진하고 있어요.

더 생각해 보기

145년 만에 돌아온 외규장각 의궤

1866년 병인양요 때 프랑스군이 강화도에서 약탈한 외규장각 의궤는 2011년에야 고국으로 돌아왔어요. 의궤는 조선 왕실의 중요한 행사를 기록한 책이에요. 약탈 이후 100년 넘게 프랑스국립도서관 창고에 있었는데, 1975년 박병선 박사가 그 존재를 밝혀냈어요. 정부와 시민들이 오랫동안 반환을 요구한 끝에, 의궤 297책은 145년 만에 우리나라로 왔지요. 현재는 5년마다 갱신하는 대여 형식으로 국립중앙박물관에서 소장하고 있어요.

자신감을 더해 주는 어휘 퀴즈

1 기사 내용과 같으면 ○, 다르면 × 표시를 하세요.

(1) 관월당은 100년 만에 우리나라로 돌아온 건물이다. ( )

(2) 관월당은 2층 구조의 목조 건축물이다. ( )

(3) 관월당은 일본에서 처음 지어진 건물이다. ( )

(4) 관월당은 전문가가 복원하고 있는 중이다. ( )

2 밑줄 친 곳에 들어갈 알맞은 어휘를 보기 에서 골라 적으세요.

보기	환수, 단층, 담보, 투입

(1) 공사를 마치기 위해 더 많은 인력이 ( )되었다.

(2) 이 집은 ( ) 구조라 햇빛이 잘 들어온다.

(3) 은행은 대출을 해 주기 전에 집을 ( )로 잡았다.

(4) 박물관은 해외로 나갔던 유물을 다시 ( )했다.

3 괄호 안에 알맞은 낱말을 넣어, 기사를 완성해 보세요.

내가 뽑은 제목:

일제 ( ) 때 일본으로 유출된 조선 시대 사당 건물 '관월당'이 정식으로 ( )되었어요. 관월당은 정면 3칸, 측면 2칸의 단층 목조 건물로, 대군급을 위한 사당으로 추정돼요. 당시 왕실이 돈을 빌리며 관월당을 ( )로 맡겼다가 일본으로 넘어간 것으로 보여요. 현재는 여러 전문가가 ( )돼 본격적으로 연구와 복원을 진행하고 있어요.

해외에 있는 문화유산, 무조건 환수해야 할까?

해외에 있는 문화유산을 되찾는 일은 쉽지 않아요. 약탈이나 불법 거래로 유출된 유물은 반드시 돌려받아야 한다는 의견이 있는 반면, 국제 협약과 외교 관계를 고려해 신중해야 한다는 목소리도 있어요. 그렇다면 해외에 있는 문화유산은 어떤 경우든 억지로 환수해야 할까요? 아니면 다른 방법을 찾아야 할까요?

A 해외에 있는 문화유산은 기본적으로 환수해야 한다고 생각해요. 특히 약탈이나 불법 거래로 유출되었다면 더더욱 환수가 필요하지요. 문화유산은 단순한 예술품이 아니라 우리나라의 역사와 정체성이 담긴 소중한 재산이기 때문이에요.

B 유네스코는 전쟁 중 문화유산 유출을 금지하고, 가져간 문화유산은 돌려줘야 한다는 내용의 협약을 만들었어요. 국제 사회에서도 문화유산은 원래 나라로 돌려보내야 한다는 인식이 커지고 있어요. 그래서 희귀하거나 역사적 가치가 큰 유물은 꼭 환수해야 한다고 생각해요.

C 모든 문화유산을 무조건 돌려 달라고 요구하는 것은 현실적으로 한계가 있어요. 외교 갈등이 커지면 오히려 환수 자체가 더 어려워질 수 있기 때문이에요. 그래서 장기 대여나 공동 관리처럼 실제로 도움이 되는 방법을 찾아야 해요.

D 환수 여부보다 중요한 것은 그 유물이 어떤 역사로 기억되느냐예요. 환수가 어렵다면 전시 설명을 바로잡고, 공동 연구를 통해 강제 유출의 역사를 분명히 알리면 더 큰 의미가 있을 거예요. 되찾지 못해도 역사를 바로 세울 수는 있어요.

내 생각 정리하기

모기 4천만 마리 풀어 '모기 섬' 된 하와이

하와이 마우이섬은 2023년부터 드론을 이용해 4천만 마리가 넘는 모기를 방생하고 있어요. '지상 낙원'이라 불리는 하와이에서 왜 이런 일이 벌어졌을까요?

생물보전단체 '모기가 아니라 새(Birds, Not Mosquitoes)'는 하와이의 토착 조류인 꿀먹이새를 지키기 위해 이 방법을 선택했어요. 이들이 방생한 모기는 실험실에서 '볼바키아'라는 박테리아에 감염시킨 수컷 모기예요. 이 수컷 모기는 사람을 물지 않고, 야생 암컷과 짝짓기를 해도 알이 부화하지 않아요.

하와이에는 원래 모기가 살지 않았어요. 하지만 1800년대 초 배가 오가며 외래 모기가 들어왔고, 따뜻하고 습한 기후 덕분에 섬 전체로 빠르게 퍼졌지요. 그 결과 모기가 매개하는 조류 말라리아가 퍼지면서 꿀먹이새의 개체 수가 급격히 줄었어요. 한때 약 50종이던 꿀먹이새는 현재 17종만 남았고, 대부분 고지대에서 살고 있어요.

최근에는 지구 온난화로 기온이 오르며 모기가 고지대까지 퍼질 가능성도 커졌어요. 이에 생물보전단체는 새를 보호하기 위한 생태 전략으로 감염된 수컷 모기를 방생하는 거예요. 과학자들은 "이 방법이 전체 모기 수를 줄여 조류 감염병 확산을 막는 데 도움이 될 것"이라고 기대해요. 다만 실제 효과는 아직 지켜봐야 해요.

알쏭달쏭 어휘 사전

- **방생**(放生) 사람에게 잡힌 생물을 놓아주는 일.
- **토착**(土着) 그 땅에서 오래 살며 정착함.
- **외래**(外來) 다른 곳이나 다른 나라에서 옴.
- **매개**(媒介) 둘을 이어 주는 역할을 함.
- **생태**(生態) 생물이 살아가는 모습이나 환경.

문해력을 높여 주는 배경지식

외래종은 생태계에 어떤 영향을 미칠까?

사람과 물건의 이동이 잦아지면서 다른 지역의 동식물이 들어오는 일이 늘었어요. 이런 동식물을 '외래종'이라고 해요. 외래종은 번식력이 강한 경우가 많아, 그 지역에 원래 살던 토착종을 밀어내며 생태계의 균형을 깨뜨릴 수 있어요. 우리나라에서도 식용으로 들여온 황소개구리가 멸종 위기종인 금개구리와 토종 물고기를 잡아먹은 사례가 있어요. 또 병해충을 막으려고 들여온 가시박이 지나치게 퍼져 토종 식물을 덮어 죽게 한 일도 있었지요. 이런 피해를 막기 위해 각 나라는 해외에서 들어오는 동식물을 꼼꼼히 검사하는 '검역'을 강화하고 있어요.

외래종, 꼭 해롭기만 할까?

모든 외래종이 해로운 것은 아니에요. 어떤 외래 식물은 사람들에게 큰 도움을 주는 먹거리가 되기도 했어요. 조선 후기에 들어온 고구마와 감자는 흉년을 견디게 한 귀한 작물이었어요. 옥수수, 고추, 토마토처럼 신대륙에서 온 작물도 지금은 우리 식탁에서 빠질 수 없는 중요한 식재료예요. 고추가 들어오기 전에는 김치가 지금처럼 빨갛지 않았어요. 이처럼 사람에게 이로운 외래종도 있어요. 중요한 것은 외래종이 자연과 조화를 이루는지 살피고, 알맞게 관리하는 일이에요.

생물 다양성은 왜 중요할까?

지구에서는 수많은 생물이 서로 영향을 주고받으며 살아가요. 이를 '생물 다양성'이라고 해요. 다양성이 높을수록 자연은 변화에 더 잘 적응하고 스스로 회복할 힘이 생겨요. 예를 들어 해충을 먹는 새가 사라지면 해충이 급격히 늘어 농작물이 피해를 입어요. 바다의 작은 플랑크톤이 줄면 물고기와 고래까지 먹이를 잃지요. 작은 생물 하나가 사라지면 큰 위기로 이어져요. 그래서 다양한 생물이 함께 사는 환경을 지키는 게 중요해요.

생태계의 먹이 피라미드

더 생각해 보기

생물 다양성 붕괴가 부른 비극, '아일랜드 대기근'

1845년부터 1852년까지 아일랜드에서는 감자가 말라 죽는 역병으로 약 100만 명이 굶주려 목숨을 잃었어요. 당시 아일랜드는 여러 지역에서 한 품종의 감자만 재배했는데, 전염병이 퍼지자 감자가 한꺼번에 병들며 식량이 사라졌어요. 여러 품종을 함께 길렀다면 피해는 훨씬 줄었을지도 몰라요. 지금은 이런 일을 막기 위해 다양한 품종을 기르고, 사라지는 토종 종자를 보존하려고 노력해요.

자신감을 더해 주는 어휘 퀴즈

1 기사 내용과 같으면 ○, 다르면 × 표시를 하세요.

(1) 하와이의 모기 방생은 토착 새를 지키기 위한 전략이다. ( )

(2) 볼바키아에 감염된 모기는 사람을 물어 병을 옮긴다. ( )

(3) 하와이는 원래부터 다양한 모기가 사는 지역이었다. ( )

(4) 조류 말라리아는 모기가 매개하는 감염병이다. ( )

2 밑줄 친 곳에 들어갈 알맞은 어휘를 보기 에서 골라 적으세요.

보기	방생, 토착, 외래, 매개

(1) 다친 새를 치료한 뒤 자연으로 ( )했다.

(2) 친구가 둘 사이의 오해를 풀어 주는 ( ) 역할을 했다.

(3) 피자는 다른 나라에서 들어온 ( ) 음식이다.

(4) 이 꽃은 오랫동안 이 지역에서 자라 온 ( ) 식물이다.

3 괄호 안에 알맞은 낱말을 넣어, 기사를 완성해 보세요.

내가 뽑은 제목: ______________________

하와이 마우이섬에서는 ( ) 조류인 꿀먹이새를 지키기 위해 박테리아에 감염된 수컷 ( )를 방생하고 있어요. 하와이에는 원래 모기가 살지 않았지만, 배가 오가며 ( ) 모기가 들어왔어요. 이 모기는 조류 말라리아를 ( )해 새의 수를 줄였지요. 과학자들은 이 방법이 조류 감염병 확산을 막는 데 도움이 될지 지켜보고 있어요.

외래종 '러브버그', 죽여도 될까?

러브버그의 이름은 '붉은등우단털파리'예요. 미국에서 처음 발견된 뒤, 배를 통해 우리나라에 들어온 외래종 곤충이에요. 2022년부터 수도권을 중심으로 개체 수가 빠르게 늘어나면서 시민들에게 큰 불편을 주고 있지요. 급증한 러브버그를 어떻게 해야 할까요?

A 아무리 익충이라 해도, 사람들에게 불쾌감을 줄 만큼 지나치게 번식했다면 인간이 개입해 수를 조절해야 해요. 그대로 두면 더 늘어나거나 다른 지역으로 퍼질지도 몰라요. 초기에 대응하지 않으면 더 큰 문제가 되고 말 거예요.

B 러브버그를 줄이더라도 방법은 신중해야 해요. 과거 대벌레가 급증했을 때 살충제를 사용했다가 오히려 생태계가 무너진 사례가 있어요. 살충제에 강한 개체만 살아남아 다시 번식했고, 먹이 사슬이 깨지면서 새들이 줄어들기도 했어요. 무분별한 살충은 또 다른 문제를 낳을 수 있어요.

C 러브버그는 보기엔 불쾌할 수 있지만, 사람을 물거나 병을 옮기지는 않아요. 오히려 꽃가루받이를 돕는 등 생태계의 한 구성원으로 긍정적인 역할을 해요. 그래서 인간이 불편하다고 일부러 죽이는 것은 바람직하지 않아요. 자연적으로 개체 수가 줄어들 때까지 기다리는 것도 방법이에요.

D 러브버그를 죽이지 않고 공존하는 방법도 있어요. 러브버그가 싫어하는 향이 나는 허브를 두거나 몸에 뿌려 접근을 막는 거예요. 또 러브버그가 좋아하는 밝은색 옷을 입지 않는 방법도 있어요.

내 생각 정리하기

북극 항로 개척, 새로운 바닷길 열릴까?

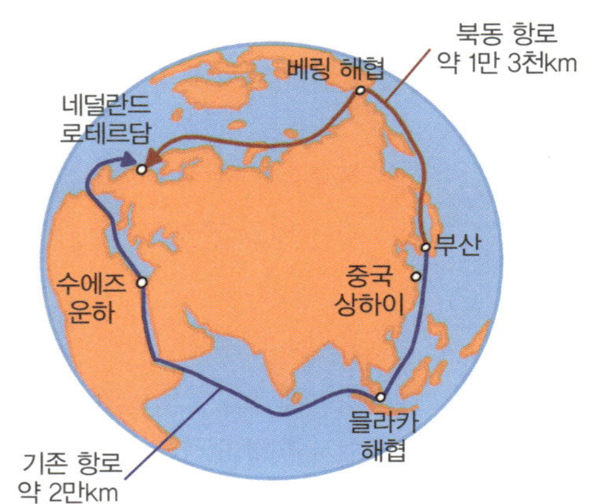

기존 항로와 북동 항로

2025년 7월, 정부가 북극 **항로**를 적극 **개척**하겠다고 밝히며 관심이 쏠리고 있어요. 해양수산부는 북극항로추진본부를 **출범**해, 2026년 9월로 예정된 북극 항로 시범 운항을 준비하고 있어요.

북극 항로는 지구 온난화로 얼음이 녹으면서 새롭게 열린 바닷길이에요. 과거 실크로드처럼 물자가 오갈 길이 될 수 있어 '신(新) 해상 실크로드'라고도 불려요. 북극 항로는 북동 항로, 북서 항로, 북극점 횡단 항로로 나뉘는데, 이 가운데 우리나라가 특히 주목하는 길은 러시아 북부를 따라 대서양과 태평양을 잇는 북동 항로예요.

북동 항로를 이용하면 부산에서 네덜란드 로테르담까지 이동 시간이 크게 줄어요. 기존에 이용하던 수에즈 운하보다 거리가 약 7천 킬로미터 짧아, 운송 기간도 10일 이상 단축되지요. 선박이 붐비고 위험 요소가 많은 수에즈 운하와 달리, 비교적 안정적이라는 점도 장점이에요.

하지만 넘어야 할 과제도 있어요. **유빙**을 견딜 수 있는 특수 선박이 필요해요. 비용과 연료 소모도 크지요. 이에 따른 세금 부담이 늘 수 있다는 우려도 나와요. 전문가들은 "당장 수에즈 운하를 대신하기는 어렵지만, 제도를 **정비**하고 시범 운항을 이어 간다면 북극 항로는 우리 해양 산업에 도움이 될 것"이라고 전망해요.

알쏭달쏭 어휘 사전

- **항로**(航路) 배가 다니는 바닷길.
- **개척**(開拓) 새로운 길이나 분야를 처음으로 열어 나감.
- **출범**(出帆) 단체나 일이 새로 시작됨.
- **유빙**(流氷) 물 위를 떠다니는 얼음덩이.
- **정비**(整備) 흐트러진 것을 정리해 제대로 갖춤.

북극 항로, 왜 아직 쉽지 않을까?

북극 항로는 얼음이 얼고 녹는 일이 반복돼 언제든 길이 막힐 수 있어요. 특히 겨울에는 바다가 두껍게 얼어 배가 움직이기 어려워요. 그래서 얼음을 깨고 나아가는 쇄빙선이 필요하지만, 속도가 느리고 비용도 많이 들어요. 그런데 2025년 가을, 중국의 컨테이너선이 북동 항로를 지나 펠릭스토 항구에 약 20일 만에 도착했다는 소식이 전해져 주목을 받았어요. 약 40일 걸리는 기존 수에즈 운하 항로와 비교하면 훨씬 빠른 편이지요. 중국은 이번 항해가 여름철 막바지에 이뤄져, 북극해에 유빙이 거의 남아 있지 않아 쇄빙선의 호위 없이도 가능했다고 설명했어요.

북극 항로를 둘러싼 외교 경쟁

북극 항로를 이용하려면 러시아, 캐나다, 덴마크, 노르웨이 같은 북극권 나라들과 협력이 필요해요. 항로가 이 나라들의 영해와 맞닿아 있기 때문이에요. 특히 대부분의 구간이 러시아 해역을 지나 러시아의 영향력이 크지요. 또 북극에는 석유와 천연가스, 희귀 광물 같은 자원이 묻혀 있다고 알려졌어요. 얼음이 녹아 항로가 열리면, 이 자원을 둘러싼 나라 간의 경쟁이 치열해질 수 있어요. 그래서 북극 항로를 안정적으로 활용하려면 나라 사이의 외교 협력이 중요해요.

피할 수 없는 환경 문제

환경 단체들은 북극 항로 개발에 강하게 반대해요. 지구 온난화로 얼음이 빠르게 녹는 상황에서 선박이 늘면, 매연과 오염이 더 심해질 수 있기 때문이에요. 사고가 나면 기름이 바다로 유출될 위험도 있지요. 또 선박 소음과 얼음 파괴는 북극 생태계를 흔들고, 바다 동물에게 스트레스를 줄 수 있어요. 그래서 항로를 넓히기보다 북극 생태계를 지키는 게 우선이라는 주장도 나와요.

더 생각해 보기

국가의 영역은 어디까지일까?

한 나라의 영역은 크게 3가지예요. '영토'는 나라가 다스리는 땅으로, 도시와 마을, 산과 들, 섬까지 포함해요. '영공'은 영토 위의 하늘이에요. 그래서 비행기가 다른 나라 영공을 지나려면 허가가 필요하지요. '영해'는 그 나라에 속하는 바다 구역이에요. 보통 해안에서 약 12해리(약 22km)까지를 영해라고 하며, 이 바다의 자원을 그 나라가 관리하고 배의 이동 규칙도 정해요.

1 기사 내용과 같으면 ○, 다르면 × 표시를 하세요.

(1) 북극 항로는 지구 온난화로 얼음이 녹으며 열린 바닷길이다. (　　　)

(2) 북동 항로는 우리나라와 미국을 잇는 항로다. (　　　)

(3) 북동 항로를 이용하면 수에즈 운하를 거치는 항로보다 이동 거리가 짧다. (　　　)

(4) 북극 항로는 비용과 기술 문제 없이 바로 이용할 수 있다. (　　　)

2 밑줄 친 곳에 들어갈 알맞은 어휘를 보기 에서 골라 적으세요.

보기	개척, 출범, 유빙, 정비

(1) 탐험대는 미지의 지역을 (　　　　　　)하기 위해 장비를 챙겼다.

(2) 배는 두꺼운 (　　　　　　)을 밀어내며 천천히 전진했다.

(3) 새 동아리는 다음 주에 공식 (　　　　　　)한다.

(4) 자전거를 타기 전, 바퀴와 브레이크를 먼저 (　　　　　　)해야 한다.

3 괄호 안에 알맞은 낱말을 넣어, 기사를 완성해 보세요.

내가 뽑은 제목:

정부는 (　　　　　　) 항로를 적극적으로 개척하기 위해 '북극항로추진본부'를 (　　　　　　)했어요. 북극 항로는 거리와 운항 기간이 줄어드는 장점이 있지만, (　　　　　　)을 견딜 특수 선박이 필요해 비용이 많이 들어요. 전문가들은 제도 (　　　　　　)와 꾸준한 시범 운항이 이루어진다면 해양 산업에 도움이 될 것으로 보고 있어요.

북극 항로, 꼭 개척해야 할까?

북극 항로 개척을 두고 전 세계에서 찬반 논쟁이 이어지고 있어요. 물류 이동 시간을 줄일 수 있다는 기대가 있는 반면, 환경 오염과 생태계 파괴를 걱정하는 목소리도 나와요. 경제, 외교, 환경 문제가 얽힌 북극 항로, 꼭 개척해야 할까요?

A 지구 온난화로 북극 항로는 이미 열리고 있어요. 그렇다면 그 변화를 활용하는 것이 현실적인 선택이라고 생각해요. 다른 나라보다 먼저 준비하면 국제적인 위상을 높이고, 앞으로 항로 규칙을 정하는 데 유리한 위치에 설 수 있어요. 그래서 서둘러 개척에 나서야 한다고 봐요.

B 북극 항로를 개척하면 운송 시간이 줄어들어 경제적 이익을 얻을 수 있어요. 다만 환경 파괴를 최소화하기 위한 기준을 먼저 세워야 해요. 예를 들어 운항 선박 수를 제한하거나 특정 시기에만 운항하도록 규제하는 방법이 있을 거예요.

C 북극 항로를 꼭 개척할 필요는 없다고 생각해요. 지금도 수에즈 운하를 통해 해상 운송이 이루어지고 있기 때문이에요. 북극 항로 개척을 '기회'로만 바라보면 기후 위기에 둔감해질 수 있어요. 이는 지구가 보내는 위험 신호를 무시하는 일이에요.

D 북극 항로 개척은 원주민과 그 지역의 생태 문화에 피해를 줄 수 있어요. 선박이 늘어나면 해양 동물뿐 아니라 전통적인 방식으로 살아온 사람들의 삶도 위협할 거예요. 편리함만 앞세우기보다 지역 주민의 권리도 함께 지켜야 한다고 생각해요.

내 생각 정리하기

국내 첫 원자력 발전소 '고리 1호기' 해체한다!

2025년 우리나라 최초의 원자력 발전소인 고리 1호기를 해체하기로 결정했어요. 고리 1호기는 친환경 에너지 전환 정책에 따라 2017년부터 가동이 중단된 상태였어요. 이번 결정으로 한국수력원자력(한수원)은 안전한 해체를 위한 **수순**에 들어갔어요.

부산 기장군에 있는 고리 1호기는 1978년 전기 생산을 시작한 원자력 발전소예요. 2007년에 설계 수명 30년을 채운 뒤에도 계속 허가를 받아 운영했지만, 2017년 탈원전 **기조** 속에서 가동을 멈췄지요.

한수원은 2024년부터 제염 작업을 진행하고 있어요. 제염 작업은 화학 약품으로 방사성 물질을 제거해 방사능을 약 30분의 1 수준으로 낮추는 과정이에요. 앞으로 12년에 걸쳐 원전을 단계적으로 해체하고, **부지**를 복원할 계획이에요. 2031년에는 사용하고 남은 핵연료를 **반출**하고, 방사성 폐기물 처리를 거쳐 2037년에 해체가 최종 완료될 예정이지요.

이번 해체를 통해 한수원은 원자력 발전소의 건설부터 운영, 해체까지 **전 주기**를 직접 다루는 기술을 확보하게 돼요. 한수원은 "해체의 모든 과정에서 방사선 안전 관리와 환경 보호를 최우선으로 하고, 지역 사회와 꾸준히 소통하겠다"고 밝혔어요.

알쏭달쏭 어휘 사전

- **수순**(手順) 정해진 순서나 절차.
- **기조**(基調) 생각이나 흐름에서 기본이 되는 방향.
- **부지**(敷地) 건물이나 시설을 세우기 위해 마련한 땅.
- **반출**(搬出) 물건을 밖으로 옮겨 가져감.
- **전 주기**(全週期) 어떤 일이 처음부터 다시 반복되기까지의 전체 기간.

문해력을 높여 주는 배경지식

원자력 발전은 왜 위험할까?

원자력 발전의 원료는 우라늄이나 플루토늄 같은 방사성 물질이에요. 이 물질이 쪼개질 때 나오는 강한 열로 물을 끓이고, 그 증기로 터빈을 돌려 전기를 생산해요. 하지만 이 과정에서 생기는 방사능은 우리 몸의 세포를 손상시키고, 유전자 변이를 일으켜 암 같은 질병을 일으킬 수 있어요. 방사능이 밖으로 새면 큰 사고로 이어지지요. 실제로 체르노빌(1986년)과 후쿠시마(2011년)에서 방사성 물질이 대량으로 유출돼 사람과 환경에 큰 피해를 줬어요. 또 원자력 발전 뒤에 남는 폐기물 역시 오랫동안 방사능을 방출하기 때문에 안전하게 보관해야 해요.

원자력은 위험하기만 할까?

우라늄처럼 에너지가 큰 물질은 적은 양으로도 많은 전기를 생산할 수 있어요. 비용도 석탄이나 석유 같은 화석 연료보다 적게 들고, 전기를 만들 때 매연이나 이산화 탄소가 거의 나오지 않아요. 우라늄 1킬로그램은 석유 약 200만 리터, 석탄 3천 톤과 맞먹는 에너지를 낼 만큼 효율이 높아요. 이런 이유로 원자력 발전은 기후 위기를 막을 방법으로 주목받아요.

세계는 지금 탈원전일까, 친원전일까?

'탈원전'은 사고 위험과 폐기물 문제를 이유로 원자력 발전을 줄이거나 중단하자는 움직임이에요. '친원전'은 탄소 배출이 적고 전력 공급이 안정적이라는 점을 강조하며 더 많은 발전소를 짓자고 주장해요. 2025년 기준 독일은 탈원전을 선택했지만, 스위스, 영국, 핀란드, 프랑스, 헝가리 등은 친원전 정책을 추진하고 있어요. 우리나라도 정부 정책에 따라 원자력 발전 비중이 달라지고 있어요.

더 생각해 보기

원자력 발전의 길을 연 사람들

1896년, 프랑스 물리학자 앙리 베크렐은 우라늄에서 저절로 나오는 보이지 않는 에너지를 발견했어요. 이것이 바로 방사능이에요. 이를 바탕으로 폴란드 출신 과학자 마리 퀴리는 방사능의 성질을 밝혀내고, 라듐과 폴로늄이라는 새로운 원소를 찾아냈어요. 이 성과는 오늘날 원자력 연구의 기초가 되었지요. 1933년에는 헝가리 물리학자 레오 실라르드는 원자가 한 번 쪼개지면 계속 반응이 이어지는 연쇄 반응을 떠올렸어요. 이는 원자력 발전이 전기를 만드는 핵심 원리예요.

자신감을 더해 주는 어휘 퀴즈

1 기사 내용과 같으면 ○, 다르면 × 표시를 하세요.

(1) 고리 1호기는 우리나라 최초의 원자력 발전소다. ( )

(2) 고리 1호기는 2017년 탈원전 기조 속에서 가동을 멈췄다. ( )

(3) 제염 작업은 방사성 물질을 물로 씻어 내는 과정이다. ( )

(4) 고리 1호기 해체는 앞으로 12년에 걸쳐 단계적으로 진행된다. ( )

2 밑줄 친 곳에 들어갈 알맞은 어휘를 보기 에서 골라 적으세요.

보기	수순, 기조, 부지, 반출

(1) 행사장을 정리한 뒤, 의자를 모두 밖으로 ( )했다.

(2) 우리 학교의 교육 ( )는 모두 함께 성장하는 것이다.

(3) 건물을 새로 지으려면 먼저 ( )를 확보해야 한다.

(4) 문제를 해결하려면 정해진 ( )을 차근차근 따라야 한다.

3 괄호 안에 알맞은 낱말을 넣어, 기사를 완성해 보세요.

내가 뽑은 제목:

우리나라 최초의 원자력 발전소인 고리 1호기가 ( ) 기조에 따라 해체 수순에 들어갔어요. 현재 방사성 물질을 줄이는 ( ) 작업이 진행 중이며, 앞으로 12년 동안 단계적으로 해체하고 원전 ( )를 복원할 계획이에요. 2031년에는 남은 핵연료를 ( )하고, 방사성 폐기물 처리를 거쳐 2037년에 해체가 마무리될 예정이에요.

방사능 오염수, 바다에 버려도 될까?

2011년 동일본 대지진 이후 원전 오염수를 보관해 오던 일본은 2023년부터 해저 터널을 이용해 오염수를 바다에 방류했어요. 일본 정부는 오염수가 안전하다고 주장했지만, 일본 어민뿐 아니라 세계 여러 나라가 반대하고 나섰어요. 여러분은 어떻게 생각하나요?

A 바다는 우리 후손에게 물려주어야 할 인류 공동의 자산이에요. 그런 바다에 방사능 오염수를 방류하는 건 무책임한 행동이라고 생각해요. 한 나라의 결정이 전 세계 환경에 영향을 미칠 수 있으니, 국제 사회가 함께 논의하고 막아야 해요.

B 여러 연구 결과에 따르면 바다에 방류한 오염수가 인체에 미치는 영향은 적다고 해요. 실제로 2011년 원전 사고 이후 후쿠시마 앞바다의 세슘 농도는 높았지만, 우리나라 해역에서는 뚜렷한 영향이 나타나지 않았어요.

C '영향이 적다'는 기준이 정확하지 않다고 생각해요. 지금은 문제가 없어 보여도 10년, 50년, 100년 뒤 어떤 결과가 나타날지는 알 수 없으니까요. 일본의 사례를 따라 다른 나라도 같은 선택을 한다면, 지구 전체가 위험해질 수 있어요.

D 방류가 옳은지 그른지를 따지기보다, 더 근본적인 해결책을 찾는 것이 중요해요. 오염수에서 방사능을 최대한 제거할 수 있는 기술을 개발하는 데 힘써야 해요. 특히 오염수를 발생시킨 일본이 책임지고 연구와 관리에 앞장서야 해요.

내 생각 정리하기

임금도 볼 수 없었던 《조선왕조실록》

《세종실록 80권》 세종 20년 3월 2일

임금이 《태종실록》을 보려고 하자 …

황희, 신개 등의 신하들이 말하였다. "비록 역대 임금 가운데 조종의 《실록》을 본 사람이 있다고 해도 본받을 일은 아닙니다. 당 태종이 《사기》를 보려 하자 저수량과 주자사가 '폐하 혼자 보시면 괜찮으나, 이 일이 후세에 전해지면 그른 일을 옳게 꾸미고 단점을 장점으로 바꿀 수 있다'고 하였습니다."

신하들은 이어 말했다. "또 사관이 두려움을 느끼면 여러 신하들은 목숨을 지키기 위해 임금의 뜻에 순응할 수밖에 없습니다. 그렇게 되면 후세 사람들이 실록을 믿기 어렵게 됩니다." …

그리고 신하들은 덧붙였다. "하물며 《태종실록》을 편찬한 신하들이 지금 모두 살아 있습니다. 만약 전하께서 실록을 보신다는 것을 알면 사관들의 마음이 편치 않을 것입니다." 이에 임금은 마침내 《태종실록》을 보지 않기로 하였다.

어휘

조종(祖宗) 임금의 조상.

실록(實錄) 임금이 나라를 다스리는 동안의 일을 그대로 적은 기록.

사기(史記) 사마천이 쓴 중국 역사서.

후세(後世) 다음 시대나 그 시대에 사는 사람들.

순응(順應) 환경이나 변화에 맞춰 적응하거나 명령이나 규칙을 따름.

중심 내용 요약하기

이해력을 키우는 배경지식

조선 시대 왕실에서 일어난 역사의 기록

《조선왕조실록》은 1392년부터 1863년까지, 조선의 25대 왕이 다스린 472년의 역사를 담은 책이에요. 하루 100쪽씩 읽어도 4년 넘게 걸릴 만큼 분량이 방대해요. 실록은 날짜순으로 기록되어 정치, 사회, 경제, 문화를 두루 살펴볼 수 있어요. 국보 제151호이자 유네스코 세계 기록 유산으로 지정된 소중한 문화유산이에요.

사실 그대로 기록한 책

실록은 임금이 재위한 동안 있었던 일을 사실대로 정리한 기록이에요. 조선 시대에는 왕이 세상을 떠나면 '실록청'이라는 임시 기관을 세워 실록을 만들었어요. 사관이 왕의 재위 기간 동안 기록한 사초와 왕의 비서실이 남긴 《승정원일기》, 왕의 업무 일지인 《일성록》 등을 참고해 내용을 정리했지요. 완성된 실록은 '사고'라는 특별한 창고에 보관했어요. 세종이 《태종실록》을 보고 싶어 했지만 신하들이 말린 일화는 유명해요. 실록은 철저히 객관적인 사실만 기록해야 했기 때문에 임금조차 마음대로 볼 수 없었어요. 이 원칙 덕분에 오늘날까지 믿을 만한 역사 기록으로 인정받아요.

역사 속 사건 알아보기

불타거나 사라질 뻔한 실록

선조들은 실록이 전쟁과 화재로 훼손되는 것을 막기 위해 여러 곳에 나누어 보관했어요. 임진왜란 때 일부 사고가 불타자, 조선은 한양 춘추관을 비롯해 접근이 어려운 강화도와 태백산, 오대산 등에 실록을 분산해 두었지요. 그 덕분에 대부분의 실록을 보존할 수 있었어요. 하지만 오대산 사고본은 일제 강점기에 일본으로 반출되었다가 1932년과 2006년, 2017년 세 차례에 걸쳐 돌아왔어요. 실록을 되찾은 과정은 문화유산 반환의 중요성을 보여 줘요.

인물 상식

임금의 모든 것을 기록한 사관

사관은 임금과 관련된 모든 일을 기록하는 사람이에요. 왕의 말과 행동은 물론, 그날의 사건과 신하들에 대한 평가까지 빠짐없이 적었지요. 그래서 사관은 임금이 가는 곳마다 함께했어요. 임금도 사관과 함께하니 마음대로 행동하기 어려웠어요. 태종이 사냥 중 말에서 떨어지자 "기록하지 말라"고 했지만, 사관은 그 말까지 그대로 사초에 남겼다고 해요. 이런 철저함이 실록의 가치를 더욱 높였어요.

생각을 여는 문해력 테스트

1 실록에 대한 설명이 옳으면 ○, 다르면 × 표시를 하세요.

(1) 실록은 임금의 통치 기간에 일어난 일을 사실대로 기록한 책이다. (   )

(2) 실록은 왕이 마음대로 열람하며 내용을 고칠 수 있었다. (   )

(3) 《조선왕조실록》은 전쟁을 대비해 여러 사고에 나누어 보관했다. (   )

2 밑줄 친 곳에 들어갈 알맞은 어휘를 보기 에서 골라 적으세요.

보기	조종, 사기, 후세, 순응

(1) 그는 주어진 현실에 (   )했다.

(2) 우리의 노력은 (   ) 사람들에게 중요한 교훈이 될 것이다.

(3) (   )를 읽으며 옛 중국의 역사를 배웠다.

(4) 임금은 (   )의 뜻을 받들어 정사를 펼쳤다.

생각을 확장하는 글쓰기

오늘 하루 있었던 일을 적어 '나만의 실록'을 만들어 보세요.

6주 차

#무료반품
#싱크홀
#불꽃축제
#역사왜곡
#생태계복원
#시

무료 반품, 비용은 누가 낼까?

네이버가 무료 반품·교환 제도를 도입한 뒤 거래액이 크게 늘어난 것으로 나타났어요. 네이버에 입점한 판매자들은 "제도 도입 후 석 달 동안 평균 거래액이 20퍼센트 늘었다"고 말했지요. 네이버 관계자는 "무료 반품 정책은 이용자와 판매자 모두에게 도움이 된다"며 "이런 선순환 구조를 더 강화하겠다"고 밝혔어요.

네이버뿐 아니라 홈쇼핑 업체들도 무료 반품 서비스를 확대하고 있어요. 하지만 무료 반품은 온라인 쇼핑 업계의 비용 부담을 키워요. 반품된 물건을 수거하고, 다시 판매할 수 있는지 검수한 뒤 재포장하는 데 노동력과 비용이 들기 때문이에요. 업계 관계자는 "반품 1건당 약 8천 원의 비용이 발생한다"고 설명했어요.

기업은 이윤을 추구하는 만큼 이런 부담을 계속 떠안기 어려워, 늘어난 비용은 중장기적으로 소비자에게 전가될 가능성이 커요. 반품 과정에서 생기는 포장 쓰레기와 탄소 배출은 환경 문제로 이어지지요. 여기에 일부 소비자의 무리한 반품 요구까지 더해지며 사회적 논란이 되고 있어요. 전문가들은 "소비자의 편익을 위해 시작된 무료 반품 정책이 오히려 사회적 비용을 늘릴 수 있다"고 지적해요.

알쏭달쏭 어휘 사전

- **선순환(善循環)** 좋은 일이 이어지며 계속 더 좋아지는 흐름.
- **검수(檢收)** 물건의 수량이나 품질을 확인하고 받는 일.
- **중장기적(中長期的)** 중간 정도 기간이나 오랜 기간에 걸친 것.
- **전가(轉嫁)** 잘못이나 책임을 다른 사람에게 떠넘김.
- **편익(便益)** 편리하고 도움이 되는 이익.

문해력을 높여 주는 배경지식

사회적 비용이란 무엇일까?

생산자나 개인이 직접 내지 않더라도, 사회 전체가 함께 부담하는 비용을 말해요. 경제 활동이나 사회 문제로 생긴 피해를 돈의 가치로 바꿔 나타낸 것이지요. 예를 들어 공장에서 나온 매연으로 공기가 오염되면, 공장이나 시민이 아니라 나라가 세금으로 처리 비용을 부담해요. 이런 경우를 사회적 비용이라고 하지요. 교통사고, 탄소 배출, 사회 갈등처럼 우리 생활 곳곳에서는 사회적 비용이 발생하고 있어요.

무료 반품이 사라지는 해외 쇼핑몰

소비자의 충동구매가 늘고, 환경 오염과 탄소 배출이 증가하면서 해외에서는 무료 반품 서비스를 줄이려는 움직임이 나타나고 있어요. 아마존은 반품할 때 1달러(한화 약 1,300원)의 수수료를 받고, 반품이 잦으면 계정을 정지시키기도 해요. 패션 브랜드 자라는 1.95파운드(한화 약 3천 원)의 수수료를 내야 하고, 에이치앤앰(H&M)도 반품 수수료를 다시 도입했어요. 기업들은 이런 변화로 소비자들이 물건을 더 신중하게 고르게 되었다고 설명해요.

무료 반품으로 발생하는 부담을 줄이는 방법

무료 반품 제도를 유지하면서도 비용을 줄이려고 노력하는 사례도 있어요. 증강 현실(AR) 가상 피팅 서비스를 이용하면 실제로 입어 보지 않아도 어울리는지 미리 확인할 수 있어요. 이 서비스를 도입한 쇼핑몰은 반품률이 눈에 띄게 줄었어요. 또 택배 대신 가까운 오프라인 매장에 직접 반품하도록 해 비용을 낮추는 곳도 있어요. 요즘은 소비자가 반품을 요청하면 인공 지능(AI)이 할인 혜택을 제안해 반품을 하지 않도록 유도하기도 해요.

더 생각해 보기

블랙 컨슈머, 왜 문제일까?

블랙 컨슈머는 '악성'을 뜻하는 블랙(Black)과 '소비자'를 뜻하는 컨슈머(Consumer)를 합친 말로, 부당한 보상을 받기 위해 판매자에게 지나치게 항의하는 소비자를 가리켜요. 멀쩡한 음식에 이물질을 넣어 보상을 요구하거나, 사실과 다른 후기를 남겨 가게 이미지를 해치는 경우도 있지요. 이런 행동은 판매자의 신뢰를 떨어뜨리고, 불필요한 사회적 비용을 발생시켜요. 결국 그 피해는 정직한 소비자에게 돌아갈 수밖에 없어요.

자신감을 더해 주는 어휘 퀴즈

1 기사 내용과 같으면 ○, 다르면 × 표시를 하세요.

(1) 무료 반품 제도 도입 후 판매자들의 평균 거래액이 늘었다. (　　　)

(2) 무료 반품은 온라인 쇼핑 업계의 비용 부담을 줄여 주는 정책이다. (　　　)

(3) 반품된 물건은 다시 판매하기 전에 검수가 필요하다. (　　　)

(4) 무료 반품 비용은 중장기적으로 소비자에게 전가될 수 있다. (　　　)

2 밑줄 친 곳에 들어갈 알맞은 어휘를 보기 에서 골라 적으세요.

보기	선순환, 검수, 전가, 편익

(1) 새로 들여온 과학 기구는 먼저 (　　　　　　)를 거치고 사용한다.

(2) 서로 돕고 응원하는 행동이 이어지면서 사회에 (　　　　　　)이 생겼다.

(3) 잘못을 다른 사람에게 (　　　　　　)하면 안 된다.

(4) 온라인 수업은 이동 시간을 줄여 주는 (　　　　　　)이 있다.

3 괄호 안에 알맞은 낱말을 넣어, 기사를 완성해 보세요.

내가 뽑은 제목: ______________________

네이버가 무료 (　　　　　) 제도를 도입한 뒤 거래액이 크게 늘며 이용자와 판매자 모두에게 편익을 주는 (　　　　　)이 형성되고 있어요. 하지만 반품 상품을 검수하고 재포장하는 과정에 비용이 많이 들어 기업의 부담이 커지고, 결국 소비자에게 비용이 (　　　　　)될 가능성도 높아요. 과도한 반품 요청과 (　　　　　) 문제까지 더해지며 사회적 논란이 되고 있어요.

무료 반품 서비스, 계속 유지해야 할까?

추가 비용 없이 물건을 돌려보내는 무료 반품 서비스는 소비자에게 편리해요. 하지만 반품이 늘어나면서 기업의 비용 부담이 커지고, 그 부담이 다른 방식으로 소비자에게 돌아올 수 있어요. 이런 상황에서도 무료 반품 서비스를 계속 이용하는 것이 바람직할까요?

A 무료 반품 서비스는 계속 유지해도 돼요. 당장 반품비를 내지 않아 소비자에게 분명한 이득이니까요. 대신 무분별하게 반품하지 않는다면 기업의 부담도 줄어들 거예요. 무료 반품 서비스를 함부로 사용하지 않는 소비 의식을 길러야 해요.

B 반품비는 결국 누군가는 부담해야 하는 비용이에요. 기업이나 판매자가 손해를 떠안는 구조는 공정하다고 보기 어려워요. 기업의 부담이 커지면 다른 서비스가 축소되거나 제한될 수도 있어요. 그래서 무료 반품 서비스는 없애는 게 맞다고 생각해요.

C 비용 문제뿐 아니라 환경 문제도 크다고 생각해요. 반품이 늘어나면 포장 쓰레기가 많아지고, 배송과 회수 과정에서 탄소도 더 배출돼요. 이런 환경 비용은 결국 사회 전체가 떠안게 되기 때문에 무료 반품 서비스는 없는 편이 나아요.

D 반품이 잦은 소비자만 제한을 두거나, 일정 횟수까지만 무료로 하는 등 기업이 스스로 부담을 조절하는 방법도 있어요. 이렇게 하면 소비자의 편의는 지키면서 기업의 비용 부담은 줄어들 거예요.

내 생각 정리하기

갑자기 땅이 푹! 싱크홀 공포 확산

서울에 사는 개암이네 가족은 주말에 근교로 나들이를 가다 교통 체증에 발이 묶였어요. 평소 한산하던 도로에 싱크홀이 생겨 긴급 복구가 이뤄지고 있었기 때문이에요. 개암이네 가족은 자칫 위험할 뻔했다며 안도했지요.

싱크홀(Sinkhole)은 '내려앉다'라는 뜻의 싱크(Sink)와 '구멍'을 뜻하는 홀(Hole)을 합친 말이에요. 땅속에 빈 공간이 생기면서 지면이 갑자기 꺼져 커다란 구멍이 생기는 현상으로, '땅 꺼짐'이라고도 해요.

2025년 3월, 서울 강동구 도로 한복판에 대형 싱크홀이 발생해 오토바이 운전자 1명이 숨지는 사고가 있었어요. 당시 싱크홀은 너비와 깊이가 각각 약 20미터에 달할 만큼 규모가 컸지요. 사고 이후 사람들은 매일 다니던 도로도 안심할 수 없게 됐어요

도심 싱크홀은 서울뿐 아니라 경기, 부산, 광주 등 전국 곳곳에서 빈번히 발생해요. 2014년부터 2023년까지 전국에서 발생한 싱크홀은 2천 건이 넘고, 2025년 1~8월 서울에서 발생한 싱크홀은 37건으로 2024년(17건)보다 두 배 이상 늘었어요. 이에 국토교통부는 "지하 안전 관리를 강화하고, 사고가 재발하지 않도록 체계적인 대책을 마련하겠다"고 밝혔어요.

알쏭달쏭 어휘 사전

- **근교(近郊)** 도시 가까운 곳에 있는 마을이나 들.
- **교통 체증(交通滯症)** 차가 많아 도로가 막히는 상태.
- **복구(復舊)** 망가진 것을 원래 모습으로 되돌림.
- **빈번히(頻繁-)** 번거로울 정도로 자주.
- **재발(再發)** 어떤 일이 다시 발생함.

문해력을 높여 주는 배경지식

세계 곳곳에서 발생하는 싱크홀

해외에서도 싱크홀로 큰 피해가 이어지고 있어요. 이란은 수도 테헤란에 싱크홀이 자주 생기자 대통령이 수도 이전을 언급할 정도였어요. 미국과 태국, 러시아 등에서는 폭과 깊이가 수백 미터에 이르는 초대형 싱크홀이 나타나기도 했지요. 이런 싱크홀은 인명 피해를 일으킬 뿐만 아니라 주택과 도로, 자동차, 고대 유적까지 삼킬 수 있어요. 예측이 어려워 자연재해처럼 여겨지며, 우리의 일상에 큰 영향을 주는 사회 재난으로 꼽혀요.

싱크홀은 왜 생길까?

국토교통부에 따르면 우리나라 싱크홀의 가장 큰 원인은 낡은 하수관이에요. 하수관에 금이 가거나 구멍이 나면 물이 새어 나오고, 주변 흙이 씻겨 내려가 땅속에 빈 공간이 생겨요. 비가 오면 이 과정이 더 빨라져 지반이 약해지지요. 이렇게 약해진 땅은 작은 충격에도 갑자기 꺼질 수 있어요. 해외에서도 지하수 유출이 싱크홀의 주요 원인으로 꼽혀요. 지하철 터널 공사나 대규모 개발처럼 땅을 깊게 파는 작업도 지반을 약하게 만들어 싱크홀을 일으킬 수 있어요.

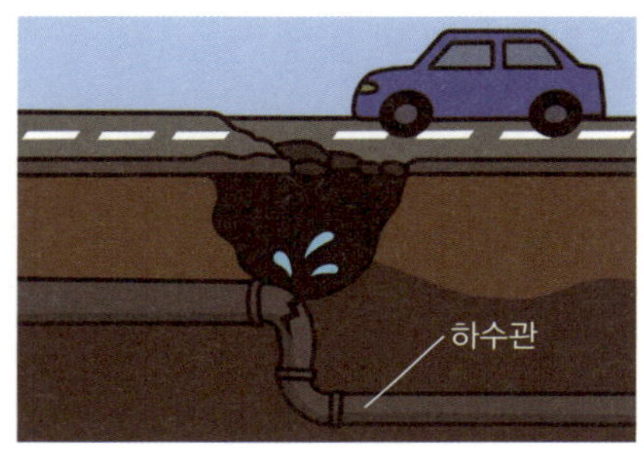

땅이 꺼져 싱크홀이 생기는 원리

싱크홀 지도를 공개한 서울시

서울시는 시민 누구나 지역별 싱크홀 위험도를 확인할 수 있도록 서울안전누리 홈페이지에 'GPR 탐사 지도'를 공개했어요. 이 지도는 지표 투과 레이더(GPR)로 땅속 상태를 조사해 만들었어요. 도로 아래 빈 공간이 있으면 보라색, 없으면 파란색으로 표시돼요. 이미 싱크홀이 발생한 곳은 발생 날짜와 규모, 현장 사진까지 함께 볼 수 있어요.

더 생각해 보기

싱크홀 안전하게 피하는 법

싱크홀은 갑자기 생기기 때문에 예방이 가장 중요해요. 금이 가거나 바닥이 움푹 꺼진 도로는 위험해요. 비가 오지 않았는데 물이 한쪽에만 고이거나, 땅이 울퉁불퉁 솟은 것도 위험 신호일 수 있어요. 이런 도로를 발견하면 가까이 가지 말고 멀리 대피한 뒤 119나 112에 신고해요.

자신감을 더해 주는 어휘 퀴즈

1 기사 내용과 같으면 ○, 다르면 × 표시를 하세요.

(1) 싱크홀은 땅속 빈 공간 때문에 땅이 갑자기 내려앉으며 생긴다. (　　　)

(2) 2025년 싱크홀 발생 건수는 2024년보다 적었다. (　　　)

(3) 싱크홀은 서울뿐 아니라 전국 여러 지역에서 발생한다. (　　　)

(4) 국토교통부는 싱크홀 사고가 재발하지 않도록 대책을 마련하고 있다. (　　　)

2 밑줄 친 곳에 들어갈 알맞은 어휘를 보기 에서 골라 적으세요.

보기	교통 체증, 복구, 빈번히, 재발

(1) 출근 시간에는 도로에 차가 몰려 (　　　　　　)이 심하다.

(2) 그 가게는 할인 행사를 (　　　　　　) 열어서 사람들이 자주 몰린다.

(3) 같은 문제가 (　　　　　　)하지 않도록 주의해야 한다.

(4) 태풍이 지나간 뒤 고장 난 시설을 빨리 (　　　　　　)해야 했다.

3 괄호 안에 알맞은 낱말을 넣어, 기사를 완성해 보세요.

내가 뽑은 제목: ______________________________

(　　　　　　)은 땅속에 빈 공간이 생기며 지면이 갑자기 꺼지는 현상이에요. 최근 도심 도로에서 싱크홀이 잇따라 발생해 긴급 (　　　　　　)가 이뤄지고 있어요. 전국에서 사고가 늘면서 불안도 커져 가지요. 국토교통부는 사고 (　　　　　　)을 막기 위해 지하 안전 관리를 강화하고, 체계적인 (　　　　　　)을 마련하겠다고 밝혔어요.

안전을 위해 도시 개발을 제한해야 할까?

자연에서 생기는 싱크홀은 주로 석회암 지역에서 나타나요. 지하수가 암반을 녹이며 동굴이 생기는 과정과 비슷하지요. 하지만 최근 싱크홀 사고는 대부분 도시에서 일어나요. 오래된 상하수도관이나 무리한 지하 공사 때문인 경우가 많아요. 그렇다면 시민의 안전을 위협하는 도시 개발을 제한해야 할까요?

A 안전을 위협한다면 도시 개발은 제한해야 한다고 생각해요. 사고가 일어나면 순식간에 생명과 재산을 앗아 가요. 사고가 난 뒤 수습하는 것보다, 미리 예방하는 것이 더 중요해요.

B 도시 개발을 제한한다고 안전이 무조건 보장되지는 않아요. 인구가 몰리는 대도시는 주택과 도로가 부족해요. 개발을 멈추면 오히려 혼잡과 불편으로 또 다른 사고가 생길 수 있어요. 개발은 계속하되, 위험 지역은 따로 관리해야 해요.

C 무작정 개발을 막으면 생활이 더 불편해질 거예요. 또 어떤 곳은 개발하고, 어떤 곳은 개발하지 않으면 도시 발전 속도에 차이가 나 지역 간 불균형이 커질 수 있어요. 그래서 어느 정도의 개발은 허용해야 한다고 생각해요.

D 지역의 안전도에 따라 개발 기준을 다르게 정하는 방법도 있어요. 낡은 상하수도를 먼저 고치고, 지반이 약한 곳은 더 엄격한 안전 규칙을 적용하는 거예요. 이렇게 하면 도시도 개발하고 안전도 지킬 수 있어요.

내 생각 정리하기

가을 밤하늘 수놓는 불꽃놀이의 비밀

매년 가을, 여의도 한강 공원에서는 '서울 세계 불꽃 축제'가 열려요. 이 축제는 한화그룹이 2000년부터 이어 온 사회 공헌 행사지요. 해마다 우리나라를 비롯한 이탈리아, 캐나다 등 여러 나라가 참가해 인파가 몰려요.

2025년 열린 축제에서는 약 16만 발의 불꽃이 가을 밤하늘을 화려하게 수놓았어요. 90분 동안 이어진 공연 가운데 우리나라는 30분가량 무대를 맡았지요. 이 짧은 시간을 위해 불꽃만 연구하는 전문 팀이 1년 내내 준비해요. 기획자와 디자이너, 연구자들이 모여 불꽃 모양을 구상하고, 색깔과 각도, 높이를 정밀하게 계산하지요. 음악과 조명, 영상까지 어우러지도록 초 단위로 설계하는 작업이에요.

한국 팀은 '빛나는 시간 속으로'를 주제로 불꽃을 선보였어요. 노래 가사에 맞춰 사각형, 회오리, 왕관 모양의 불꽃이 펼쳐지자 관객들의 탄성이 터져 나왔지요. 특히 원효 대교를 중심으로 마포 대교와 한강 철교 구간에서 처음 선보인 데칼코마니 불꽃 연출은 큰 호응을 얻었어요.

알쏭달쏭 어휘 사전

- **사회 공헌(社會貢獻)** 사회를 위해 도움을 주는 일.
- **인파(人波)** 매우 많은 사람.
- **가량(假量)** 대략 얼마쯤 될지 짐작함.
- **구상(構想)** 앞으로 어떻게 할지 일을 생각하고 계획함.
- **탄성(嘆聲)** 놀라서 감탄하는 소리.

문해력을 높여 주는 배경지식

화약으로 쏘아 올리는 불꽃놀이

불꽃놀이는 화약을 넣은 폭죽이 하늘에서 터지며 빛을 내는 현상이에요. 흔히 쓰이는 화약에는 질산 칼륨(KNO_3), 숯(탄소 C), 황(S)이 들어 있어요. 질산 칼륨은 열을 받으면 산소(O)를 내뿜고, 이 산소가 숯과 황을 빠르게 태우며 폭발을 일으켜요. 이때 고체였던 화약이 순식간에 기체로 변해 부피가 커지고, 팽창한 가스가 공중에서 터지며 화려한 불꽃과 연기가 생겨요.

금속 원소에 따라 달라지는 불꽃색

불꽃의 색깔은 화약에 섞인 금속에 따라 달라져요. 금속이 열에너지를 받으면 저마다 다른 빛을 내는데, 이를 '불꽃 반응'이라고 해요. 예를 들면 리튬(Li)은 빨강, 칼슘(Ca)은 주황, 나트륨(Na)은 노랑, 바륨(Ba)은 초록, 구리(Cu)는 청록색 빛을 내요.

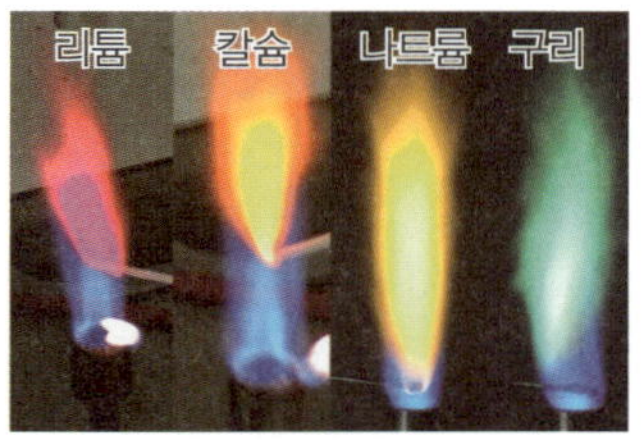

원소마다 다른 불꽃 반응

비슷한 불꽃색은 어떻게 구별할까?

리튬과 스트론튬(Sr)처럼 서로 다른 금속이 비슷한 불꽃색을 내기도 해요. 이럴 때는 '스펙트럼'을 이용해 구별해요. 분광기에 불꽃을 통과시키면 여러 색의 가느다란 선이 나타나는데, 이 선의 색과 위치, 개수는 원소마다 달라요. 그래서 불꽃색이 비슷해도 어떤 원소인지 정확히 알아낼 수 있어요.

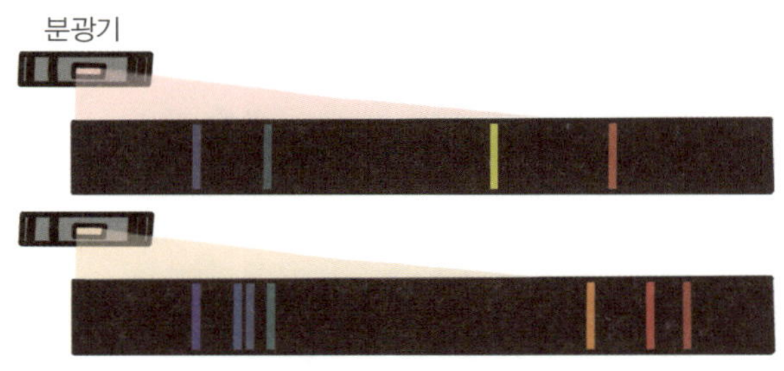

리튬(위)과 스트론튬(아래) 불꽃의 스펙트럼 비교

더 생각해 보기

불꽃놀이는 언제부터 즐겼을까?

불꽃놀이는 7세기 중국에서 시작됐어요. 대나무를 불에 던져 터뜨리며 귀신을 쫓았다는 이야기도 전해지지요. 13세기 화약이 발전하면서 폭죽 기술도 함께 성장했고, 15세기에는 실크로드를 따라 유럽으로 퍼져 왕실 행사와 축제의 볼거리가 되었지요. 오늘날에는 전기 점화 장치와 컴퓨터 프로그램으로 불꽃의 높이와 색, 폭발 순간을 정교하게 조절해요. 음악과 어우러진 불꽃놀이는 이제 과학과 기술이 만든 예술이 되었어요.

자신감을 더해 주는 어휘 퀴즈

1 기사 내용과 같으면 ○, 다르면 × 표시를 하세요.

(1) 서울 세계 불꽃 축제에는 해마다 인파가 몰린다. ( )

(2) 불꽃 축제에서는 단 한 나라만 불꽃 공연을 선보인다. ( )

(3) 불꽃 디자인은 전문 팀이 1년 동안 준비한다. ( )

(4) 관객들은 한국 팀의 불꽃 연출에 실망했다. ( )

2 밑줄 친 곳에 들어갈 알맞은 어휘를 보기 에서 골라 적으세요.

보기	가량, 인파, 구상, 탄성

(1) 행사장에는 수천 명의 ( )가 몰려 움직이기 힘들었다.

(2) 그는 새 프로젝트 진행 방향을 ( )했다.

(3) 아이는 마술을 본 순간 ( )을 질렀다.

(4) 오늘 모은 기부 금액은 50만 원( )이다.

3 괄호 안에 알맞은 낱말을 넣어, 기사를 완성해 보세요.

내가 뽑은 제목:

____

매년 가을, 여의도 한강 공원에서는 '서울 세계 불꽃 ( )'가 열려요. 이 행사는 여러 나라가 참가하는 큰 축제로, 해마다 ( )가 몰려요. 2025년에는 우리나라 팀이 1년 동안 ( )한 공연을 펼쳤어요. 사각형, 회오리 등 다양한 모양의 불꽃이 밤하늘을 채우자 관객들의 ( )이 이어졌어요.

축제에 불꽃놀이가 꼭 필요할까?

축제에서 불꽃놀이는 분위기를 살리는 역할을 해요. 하지만 야생 동물과 환경에 피해를 준다는 지적도 있어요. 실제로 에콰도르 갈라파고스 제도에서는 이런 이유로 불꽃놀이를 금지했지요. 소음과 강한 빛은 특히 새들에게 스트레스를 주고, 불꽃놀이로 생기는 화학 물질과 초미세 먼지 역시 환경 오염의 원인이 돼요. 그렇다면 축제에 불꽃놀이는 꼭 필요할까요?

A 불꽃놀이는 사람들이 한자리에 모여 함께 즐길 수 있는 대표적인 행사예요. 많은 사람이 모이면 지역 문화와 경제도 함께 살아나요. 실제로 매년 100만 명 이상이 찾는 서울 세계 불꽃 축제는 약 295억 원의 경제 효과를 냈다고 해요.

B 축제를 즐기는 건 좋지만, 불꽃놀이로 피해를 보는 사람도 많아요. 인파가 몰리면 사고 위험이 커지고, 교통을 통제해 불편해요. 또 큰 소음과 빛 공해, 유해 물질 때문에 환경까지 오염돼요. 이런 문제를 생각하면 불꽃놀이는 하지 않는 편이 낫다고 봐요.

C 중국과 독일은 환경 오염 문제로 주요 도시에서 불꽃놀이를 제한하거나 금지해요. 그래서 불꽃놀이를 완전히 없애기보다 시기나 장소를 제한하는 것이 현실적인 방법이라고 생각해요.

D 요즘은 불꽃놀이 대신 드론 쇼 축제도 늘고 있어요. 드론 쇼는 소음이 적고 유해 물질이 없어 환경에 부담이 적어요. 레이저 쇼처럼 새로운 방식으로 공연하면, 불꽃놀이 없이도 많은 사람이 함께 즐기는 축제를 만들 수 있어요.

내 생각 정리하기

약속 어긴 일본, 유네스코 '군함도 논의' 무산

2025년 7월, 프랑스 파리에서 열린 제47차 유네스코 세계유산위원회 회의에서는 일본 군함도에 남아 있는 조선인 강제 징용 역사를 정식 **의제**로 다룰지를 두고 **표결**을 진행했어요. 하지만 유네스코가 일본의 주장에 힘을 실으면서, 결국 논의는 **무산**됐지요.

일본 정부는 군함도를 세계 유산으로 등재할 당시, 조선인 **강제 징용** 사실을 알리겠다고 약속했어요. 등재 결정 회의에서도 일부 시설에 많은 한국인이 의사와 관계없이 동원돼 가혹한 환경에서 일했다는 점을 인정하며, 희생자를 기리는 안내판을 설치하겠다고 설명했지요.

그러나 2015년 등재 이후 일본은 태도가 달라졌어요. 약속을 지키지 않은 채, 조선인 징용에 강제성은 없었다고 주장하며 역사를 왜곡했어요. 이에 우리 정부는 일본이 약속을 이행하지 않았다는 사실을 국제 사회에 알리려고 군함도 문제를 정식 의제로 다루자고 요구했어요. 하지만 일본은 강하게 반대했지요.

입장 차가 좁혀지지 않자 유네스코는 표결에 들어갔어요. 한국과 일본을 포함한 21개 위원국이 비밀 투표를 진행한 결과, 일본 측 주장에 찬성 7표, 반대 3표, 기권 8표, 무효 3표가 나왔어요. 논의는 아쉽게도 무산됐지만, 우리 정부는 앞으로도 일본이 약속을 제대로 이행하는지 계속 **재론**하겠다고 밝혔어요.

알쏭달쏭 어휘 사전

- **의제**(議題) 회의에서 토의할 주제나 문제.
- **표결**(表決) 회의에서 찬성이나 반대를 표시해 결정하는 방법.
- **무산**(霧散) 일이 흐지부지되어 없어짐.
- **강제 징용**(強制徵用) 일제 강점기에 조선 사람을 강제로 끌고 가 노동을 시킨 일.
- **재론**(再論) 이미 논의한 내용을 다시 논의함.

유네스코 세계유산위원회란?

유네스코(UNESCO)는 여러 나라가 모여 교육, 과학, 문화를 교류하며 협력하는 국제기구예요. 세계 유산 지정은 유네스코의 대표적인 활동으로, 인류에게 특별한 가치를 지닌 유적과 건축물, 지역 등을 '세계 유산'으로 등록해요. 이렇게 등재된 유산은 전 세계가 함께 지켜야 할 공동의 보물이 되지요. 세계유산위원회는 세계 유산의 등재 여부와 보존 정책을 결정하는 기구로, 우리나라를 포함해 21개국이 참여해요.

조선인 강제 징용 역사가 남은 세계 유산

일본 군함도의 하시마 탄광은 일제 강점기 때 수많은 조선인이 강제로 끌려가 일한 곳이에요. 좁은 통로와 유독 가스, 높은 온도 속에서 많은 노동자가 다치거나 목숨을 잃었지요. 그래서 '감옥섬' '지옥섬'이라 불렸어요. 하지만 일본은 이곳을 산업 발전의 성과로 소개하며 세계 유산으로 등재했어요. 2024년에는 또 다른 강제 노동 현장인 사도 광산도 세계 유산이 되었지요. 일본은 사도 광산과 관련해서도 희생자를 기리겠다고 했지만, 안내문에서 '강제 징용' 표현을 빼 논란이 이어지고 있어요. 세계 유산이 되더라도, 진실이 지워진다면 온전한 유산이라 할 수 없어요.

사도 광산 입구

역사를 왜곡하는 이유

역사 왜곡은 이미 일어난 일을 사실과 다르게 설명하거나 거짓으로 꾸미는 행동이에요. 역사를 왜곡하는 가장 큰 이유는 국가의 이익 때문이에요. 영토 분쟁이나 외교 갈등이 생기면, 자신에게 유리하게 역사를 해석해 주장을 펴기도 하지요. 침략이나 식민 지배, 강제 징용 같은 잘못에 대한 비난과 책임을 피하려는 목적도 있어요.

더 생각해 보기

불편한 역사도 기억해야 할까?

과거를 정확히 알아야 같은 잘못을 되풀이하지 않아요. 전쟁과 학살, 식민 지배처럼 아픈 역사도 숨기지 않고 드러내야 해요. 고통을 겪은 사람들의 아픔을 인정하고 진실을 기억할 때, 우리는 다시는 같은 비극이 일어나지 않도록 더 나은 선택을 할 수 있어요. 역사를 기억하는 일은 과거를 붙잡는 것이 아니라 우리의 미래를 지키는 일이에요.

자신감을 더해 주는 어휘 퀴즈

1 기사 내용과 같으면 ○, 다르면 × 표시를 하세요.

(1) 유네스코는 군함도 문제를 정식 의제로 채택하지 않았다. (　　　)

(2) 일본은 군함도 강제 징용 사실을 충실히 알렸다. (　　　)

(3) 표결은 한국과 일본을 포함한 21개 위원국이 참여했다. (　　　)

(4) 한국은 이후 군함도 문제를 재론하지 않겠다고 밝혔다. (　　　)

2 밑줄 친 곳에 들어갈 알맞은 어휘를 보기 에서 골라 적으세요.

보기	의제, 표결, 무산, 재론

(1) 학급 회의의 첫 번째 (　　　　　　)는 '봄 소풍 장소 정하기'이다.

(2) 참석자를 대상으로 (　　　　　　)을 진행해 의견을 정했다.

(3) 날씨가 나빠 운동회가 (　　　　　　)되고 말았다.

(4) 의견이 달라 그 문제는 다음 회의에서 (　　　　　　)하기로 했다.

3 괄호 안에 알맞은 낱말을 넣어, 기사를 완성해 보세요.

내가 뽑은 제목: ______________________________

2025년 유네스코 세계유산위원회 회의에서는 일본 군함도의 조선인 강제 징용 역사를 정식 (　　　　　)로 다룰지를 놓고 표결이 이뤄졌어요. 일본은 강제 동원 사실을 인정하겠다는 약속과 달리 역사를 (　　　　　)해 왔어요. 표결 결과 논의는 (　　　　　)됐지만, 우리 정부는 이 문제를 국제 사회에 계속 (　　　　　)하겠다고 밝혔어요.

군함도 세계 유산, 취소 요구를 계속해야 할까?

유네스코는 세계 유산이 보존되지 않거나 문제가 생기면 '위험에 처한 세계 유산' 목록에 올려요. 이후에도 개선되지 않으면 등재가 취소되지요. 실제로 영국 리버풀의 해양 산업 도시는 재개발로 원형이 훼손돼 2021년에 세계 유산 지위를 잃었어요. 그렇다면 등재 당시의 약속을 지키지 않은 군함도도 세계 유산 등재를 취소하라고 계속 요구해야 할까요?

A 세계 유산 등재 조건으로 강제 노역 사실을 알리겠다고 한 것은 한일 간의 약속이 아니라 국제 사회와의 약속이에요. 이를 어겨도 조치가 없다면 다른 나라들도 규정을 지키지 않을 수 있어요. 약속을 어기면 등재가 취소될 수 있다는 기준이 지켜져야 하는 이유예요.

B 세계 유산은 단순한 관광지가 아니라 인류가 함께 기억해야 할 역사를 담은 곳이에요. 그런데 강제 노역 사실을 제대로 알리지 않는다면 세계 유산의 의미가 훼손돼요. 그런 상태라면 등재를 유지하기보다 취소하는 것이 더 정직한 선택이라고 생각해요.

C 등재 취소를 요구하면 외교 갈등이 커질 수 있어요. 대립이 심해지면 오히려 역사 문제 해결이 늦어질 수도 있지요. 그래서 대화와 협의로 개선을 끌어내는 방법이 더 효과적이라고 생각해요.

D 등재를 취소하는 것보다 역사를 바르게 알리는 일이 더 중요하다고 생각해요. 온라인 전시나 다국어 자료 제공 등 다양한 방법으로 강제 징용 사실을 알린다면, 군함도가 세계 유산으로 남든 아니든 그 역사는 잊히지 않을 거예요.

내 생각 정리하기

콘크리트 걷어 낸 청계천에 '쉬리'가 돌아왔다

"여기 쉬리가 있어요."

서울시설공단은 청계천에서 쉬리 **치어**를 발견했다고 밝혔어요. 이번 조사는 청계천 복원 20주년을 맞아 생물 다양성을 살피기 위해 진행됐어요.

조사 결과, 청계천 전 구간에서 피라미와 참갈겨니, 줄몰개 등 모두 28종의 민물고기가 확인됐어요. 특히 한국 **고유** 어종인 쉬리가 발견돼 더욱 의미가 컸지요. 쉬리는 2급수 이상의 깨끗한 물에서만 서식하는 물고기예요. 쉬리 치어의 발견은 청계천 생태계가 건강하게 회복하고 있다는 증거로 볼 수 있어요.

청계천은 2003년부터 2005년까지 복원 공사를 거쳐, 청계 광장에서 중랑천과 **합류**하는 지점까지 약 8.12킬로미터의 도시 하천으로 다시 태어났어요. 복원 초기에는 하천 바닥과 주변이 콘크리트로 덮여 있어 물고기와 생물이 살기 어려운 구조라는 비판도 있었지요.

하지만 시간이 흐르며 상황은 달라졌어요. 2006년 조사에서는 하천에 사는 생물 342종이 확인됐고, 2022년에는 666종으로 크게 늘어났어요. 이로써 청계천은 생태계 복원의 성공 사례가 되었어요. 또한 청계천 복원 이후 서울의 열섬 현상이 **완화**되었지요. 청계천이 찬 공기가 흐르는 '바람길' **구실**을 해, 도시의 열을 낮추어 주었기 때문이에요.

알쏭달쏭 어휘 사전

- **치어**(稚魚) 알에서 막 나온 어린 물고기.
- **고유**(固有) 처음부터 지닌 특별한 성질이나 모습.
- **합류**(合流) 둘 이상이 한데 모여 함께 흐름.
- **완화**(緩和) 긴장되거나 급한 상태를 부드럽게 누그러뜨림.
- **구실**(口實) 핑계를 삼는 이유.

복원하기 전 청계천은 어떤 모습이었을까?

청계천은 산에서 흘러내린 물이 모여 자연스럽게 생긴 하천으로, 주변에는 일찍부터 집들이 들어섰어요. 하지만 모래가 많아 비가 오면 자주 범람했지요. 그래서 조선 초기 왕들은 청계천 정비에 힘썼어요. 태종은 돌로 제방을 쌓아 물길을 바로잡았어요. 이후 일제 강점기와 한국 전쟁을 거치며 청계천은 심하게 오염됐고, 1950년대 말부터 하천을 덮어 도로를 만들었어요. 그 결과 청계천은 콘크리트 아래에 묻혀 버렸지요.

청계천에는 어떤 생물이 살고 있을까?

청계천은 원래 비가 오지 않으면 마르는 건천이에요. 지금은 깨끗한 물을 유지하기 위해 매일 정수한 한강 물 4만 톤과 지하수 2만 톤을 흘려보내요. 덕분에 1년 내내 평균 수심 40센티미터 안팎의 물이 흐르지요. 2022년 기준 청계천에는 식물 492종, 어류 21종, 조류 41종 등 다양한 생물이 살아요. 상류에는 버들치와 참갈겨니, 백로가 있고, 하류에는 잉어와 붕어, 왜가리가 많아요. 철새 보호 구역에서는 고방오리와 논병아리를 볼 수 있고, 수달이나 원앙, 황조롱이처럼 귀한 야생 동물도 발견돼요.

참갈겨니

백로

붕어

논병아리

청계천에 사는 생물들

하천을 복원하는 이유는 무엇일까?

세계 여러 도시는 훼손된 하천을 자연에 가깝게 되돌리는 '생태 하천 복원'을 하고 있어요. 하천이 되살아나면 물이 저절로 깨끗해지는 자정 작용이 강해지고, 다양한 생물이 돌아와 생태계가 회복돼요. 사람들은 깨끗한 강에서 산책과 여가를 즐길 수 있고, 관광 효과도 생기지요. 무엇보다 하천은 빗물을 흡수해 홍수를 줄이는 훌륭한 역할을 해요.

더 생각해 보기

성공한 하천 복원 사례들

독일은 19세기 말 도시 개발을 위해 이자르강을 직선으로 바꿨지만, 잦은 홍수를 겪었고 생태계도 파괴되었지요. 1989년 콘크리트 둑을 걷어 내자 홍수가 줄고 물고기와 새가 돌아왔지요. 일본 도쿄의 아라강도 도시화로 오염됐지만 복원 사업을 통해 생태가 되살아났어요. 우리나라에서는 청계천을 비롯해 오산 궐동천, 고양 대장천, 밀양 단장천 등이 대표적인 복원 사례로 꼽혀요.

자신감을 더해 주는 어휘 퀴즈

1 기사 내용과 같으면 ○, 다르면 × 표시를 하세요.

(1) 쉬리는 깨끗한 물에서 사는 한국 고유 어종이다. (　　　)

(2) 청계천은 2020년에 처음 복원 공사를 시작했다. (　　　)

(3) 청계천은 중랑천과 만나는 지점까지 이어지는 도시 하천이다. (　　　)

(4) 청계천 복원 후 서울의 열섬 현상은 더 심해졌다. (　　　)

2 밑줄 친 곳에 들어갈 알맞은 어휘를 보기 에서 골라 적으세요.

보기	고유, 합류, 완화, 구실

(1) 하천이 (　　　　　　)하는 지점부터 큰 강이 만들어진다.

(2) 이 동물은 오직 한 섬에서만 발견되는 (　　　　　　)종이다.

(3) 깊게 숨을 쉬면 긴장감이 조금 (　　　　　　)된다.

(4) 숙제를 안 한 (　　　　　　)로 배가 아프다고 말했다.

3 괄호 안에 알맞은 낱말을 넣어, 기사를 완성해 보세요.

내가 뽑은 제목: ______________________________

청계천 복원 20주년 조사에서 한국 고유 어종인 (　　　　　　)가 발견되었어요. 쉬리는 깨끗한 물에서만 사는 물고기여서 청계천 생태가 건강하게 (　　　　　　)되었음을 보여 줘요. 청계천은 청계 광장에서 시작해 중랑천과 (　　　　　　)하는 도시 하천으로, 복원 이후 생물 종이 꾸준히 늘었어요. 또 하천을 따라 찬 공기가 흐르며 도심의 열섬 현상을 (　　　　　　)하는 데도 도움이 돼요.

하굿둑 때문에 파괴된 생태계, 철거하면 회복될까?

금강 하구는 1990년대 하굿둑이 건설된 뒤 하천의 흐름이 막혔어요. 물이 오염되고 퇴적토가 쌓였지요. 뱀장어처럼 태어난 곳으로 돌아와야 하는 물고기들도 이동하기 어려워졌어요. 최근에는 하굿둑을 철거하면 생태계가 다시 살아날 수 있을지를 두고 논쟁이 이어지고 있어요. 여러분은 어떻게 생각하나요?

A 생태계가 회복될 수 있다고 생각해요. 네덜란드의 하링블리에트 호수도 해수를 막았다가 다시 바닷물이 드나들도록 복원했어요. 그 결과 수질이 개선되고 생물 다양성도 회복되었지요. 금강 하구도 물의 흐름을 되살린다면 비슷한 변화가 나타날 거예요.

B 한 가지 사례만 보고 금강 하구도 같은 결과가 나올 거라고 생각하는 건 위험해요. 하굿둑 철거는 막대한 비용이 드는 대규모 공사고, 공사 과정에서 오히려 오염이 심해질 수 있어요. 철거 외에 다른 대안은 없는지 충분히 조사하고 연구해야 해요.

C 하굿둑이 생태계에 부정적인 영향만 준 것은 아니에요. 농업용수를 안정적으로 공급하는 역할을 해 왔지요. 이런 장점까지 포기하면서 철거해야 하는지, 얻는 것과 잃는 것을 함께 따져 봐야 해요.

D 하구를 복원하려는 목적부터 분명히 해야 한다고 생각해요. 수질 개선이 목표인지, 물고기 이동을 돕는 게 목표인지에 따라 방법은 달라질 수 있어요. 목적을 정하면 철거보다 좀 더 간단한 방법으로 생태계를 회복할 수 있을 거예요.

내 생각 정리하기

이별의 슬픔을 담은 시, 〈진달래꽃〉

진달래꽃

김소월

나 보기가 역겨워
가실 때에는
말없이 고이 보내 드리우리다

영변에 약산
진달래꽃
아름 따다 가실 길에 뿌리우리다

가시는 걸음걸음
놓인 그 꽃을
사뿐히 지르밟고 가시옵소서

나 보기가 역겨워
가실 때에는
죽어도 아니 눈물 흘리우리다

어휘

역겹다(逆-) 몹시 싫고 불쾌하다.
고이 성질이나 태도가 순하고 부드럽게.
영변(寧邊) 평안북도 영변군에 있는 지역 이름.
약산(藥山) 평안북도 영변 서쪽에 있는 산 이름.
아름 두 팔을 둥글게 모아 둘렀을 때의 둘레.

중심 내용 요약하기

이해력을 키우는 배경지식

사랑하는 사람을 떠나보내는 마음

<진달래꽃>은 1922년 잡지 <개벽>에 실린 시예요. '나 보기가 역겨워' 떠나는 사람을 원망하지 않고, '말없이 고이 보내 드린다'고 말하는 내용이지요. 사랑하는 사람과 헤어지는 순간에도 마음이 변하지 않았음을 진달래꽃에 빗대어 표현했어요. 특히 '죽어도 아니 눈물 흘리오리다'라는 구절은 너무 슬프지만 눈물을 참고 견디려는 마음을 드러내며, 시 속 화자의 감정을 더욱 절절하게 전달해요.

우리나라 고유 정서와 운율을 담은 민요시

민요시는 전통 민요의 리듬과 우리나라 고유의 정서를 살린 시예요. 1920년대 서구식 시와 소설이 유행하던 때, 시인들은 우리만의 말맛과 운율을 지키고자 민요 형식을 시에 담았어요. 〈진달래꽃〉은 4연 12행으로 이루어졌으며, 처음으로 '민요시'라는 이름이 붙은 작품이에요. 시어를 반복해 리듬감을 살리고, 한국인의 정서를 담아낸 대표적인 민요시로 평가받아요.

역사 속 사건 알아보기

근대 문학이 꽃핀 1920년대, 문학잡지의 등장

1920년대는 우리나라 근대 문학이 본격적으로 자리 잡은 시기예요. <창조> <개벽> <백조> 같은 문학잡지가 잇따라 창간되며 젊은 문인들이 작품을 발표할 기회를 얻었어요. 잡지를 중심으로 새로운 시와 소설이 활발히 등장했고, 김소월 역시 <개벽>에 시를 발표하며 주목받기 시작했지요. 이 시기는 우리 문학이 근대 문학의 모습을 갖춰 가던 중요한 때였어요.

인물 상식

한국의 대표 서정 시인, 김소월(1902~1934년)

평안북도에서 태어났고, 본명은 김정식이에요. 오산 학교에 다닐 때 국어 교사였던 시인 김억이 그의 재능을 알아보고 글쓰기를 지도해 주었어요. 그 뒤 1920년, 다섯 편의 시를 발표하며 시인으로 등단했지요. 일제 강점기를 살았던 그는 우리 민족이 겪은 슬픔과 아픔을 서정적인 언어로 표현했어요. 대표 작품으로는 <진달래꽃> <엄마야 누나야> <금잔디> <초혼> 등이 있어요.

생각을 여는 문해력 테스트

1 <진달래꽃>에 대한 설명이 옳으면 ○, 다르면 × 표시를 하세요.

(1) <진달래꽃>은 떠나는 사람을 원망하지 않는 마음을 담은 시다. (　　　)

(2) <진달래꽃>은 서구식 운율을 따라 만든 시로, 민요와 관련이 없다. (　　　)

(3) <진달래꽃>은 시어 반복으로 리듬을 만든 대표적인 민요시다. (　　　)

2 밑줄 친 곳에 들어갈 알맞은 어휘를 보기 에서 골라 적으세요.

보기	역겨운, 고이, 영변, 아름

(1) 아이는 떨어진 꽃잎을 (　　　　　　) 책상 위에 두었다.

(2) 한입 먹자마자 (　　　　　　) 맛이 느껴졌다.

(3) 할머니는 고향인 (　　　　　　) 지역의 이야기를 들려주었다.

(4) 아빠는 엄마 생신을 맞아 꽃을 한 (　　　　　　) 사 왔다.

생각을 확장하는 글쓰기

나만의 '꽃'을 골라, 그 꽃에 마음을 빗댄 시를 지어 보세요.

7주 차

#펫코노미
#저출생
#시니어테크
#교황선출
#곰팡이
#기행가사

반려 가구 600만 시대, 양육비는 얼마나 들까?

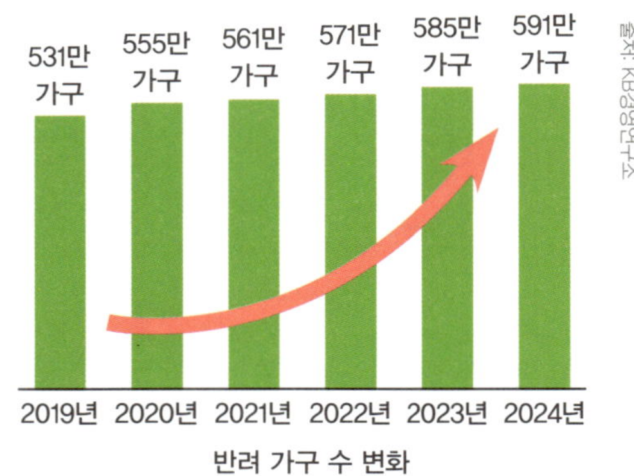

반려 가구 수 변화

국내 한 연구소가 발표한 '2025년 한국 반려동물 보고서'에 따르면, 2024년 기준 반려동물을 기르는 반려 가구는 591만 가구로 집계됐어요. 이는 네 가구 중 한 가구가 개나 고양이 등 반려동물과 함께 살고 있다는 뜻이에요. 반려인의 양육 만족도도 76퍼센트로, 지난해보다 8.7퍼센트 높아졌어요.

반려 가구가 늘면서 반려동물의 생애 비용도 함께 증가하고 있어요. 평균 입양비는 2023년 28만 원에서 2024년 38만 원으로 올랐고, 월평균 양육비도 15만 4천 원에서 19만 4천 원으로 늘었어요. 평균 치료비 역시 100만 원을 웃돌았어요. 이 보고서는 일반 가구 2,000명과 반려 가구 1,000명을 대상으로 한 조사 결과를 토대로 정리됐어요.

반려 가구 증가와 함께 '펫코노미'도 빠르게 성장하고 있어요. 펫코노미는 '반려동물'을 뜻하는 펫(pet)과 '경제'를 뜻하는 이코노미(economy)의 합성어로, 반려동물을 중심으로 한 산업을 뜻해요. 농림축산식품부의 '반려동물 관련 산업 육성 대책'에 따르면, 글로벌 반려동물 시장은 앞으로 10년 안에 두 배 이상 성장할 것으로 보여요. 국내 시장도 빠르게 커져, 2032년에는 현재보다 규모가 2.5배 더 커질 것으로 예상돼요.

알쏭달쏭 어휘 사전

- **반려(伴侶)** 함께 지내며 짝이 되는 친구나 동물.
- **가구(家口)** 함께 살며 생활을 꾸리는 사람들의 집단.
- **생애(生涯)** 사람이 살아가는 한평생.
- **토대(土臺)** 어떤 일이나 생각이 자라는 밑바탕.
- **육성(育成)** 길러서 자라게 함.

반려동물이 만든 경제, 펫코노미

펫코노미는 반려동물과 관련된 모든 산업을 말해요. 사료와 간식 같은 생활용품부터 의료, 미용, 보험, 장례 서비스까지 포함하지요. 요즘은 반려동물과 함께 떠나는 여행 상품, AI와 사물 인터넷(IoT)을 활용한 활용한 스마트 기기도 등장했어요. 반려동물을 동반할 수 있는 식당이나 쇼핑몰도 많아졌지요. 펫코노미가 커지며 편의 시설과 전문 병원이 늘고 서비스도 좋아졌지만, 제품과 서비스가 고급화되면서 비용 부담도 커졌어요. 동물을 좋아하지 않는 사람과의 마찰이나 안전 문제 같은 갈등도 나타나고 있어요.

반려동물이 늘어나는 게 반갑지만은 않은 이유

반려동물을 키우는 가구가 늘면서 버려지거나 잃어버린 동물도 많아졌어요. 2024년 한 해에만 이런 동물이 10만 7천 마리에 이르렀어요. 비용 부담, 이사, 출산, 반려동물의 질병이나 고령화 등 여러 이유로 함께 살기 어렵다며 유기하는 경우가 많아요. 전국의 유기 동물 보호 센터는 약 230곳이지만, 보호해야 할 동물은 늘고 일손은 부족해요. 그래서 끝까지 함께할 준비를 하고 반려동물을 맞이하는 자세가 필요하지요.

반려동물도 등록증이 필요할까?

유기 동물을 줄이기 위해 '반려동물 등록제'를 시행하고 있어요. 길을 잃거나 사고를 당했을 때, 등록 정보로 주인을 확인할 수 있기 때문이에요. 법에 따라 생후 2개월 이상 된 반려견은 꼭 등록해야 하고, 등록하지 않으면 벌금을 내야 해요. 등록 방법은 세 가지예요. 내장형 마이크로 칩은 몸속에 넣어 분실 위험이 가장 적어요. 외장형 칩은 몸에 달지만 떨어질 수 있어요. 등록 인식표는 교체가 쉽지만, 정기적으로 새로 달아야 해요. 어떤 방법이든 등록해 두면 반려동물을 더 빨리 찾는 데 도움이 돼요.

더 생각해 보기

반려동물에 대한 생각은 어떻게 변해 왔을까?

우리나라의 대표적인 반려동물인 개를 '가족'처럼 생각한 건 그리 오래되지 않았어요. 예전에는 집을 지키거나 사냥을 돕는 '일하는 동물'로 여겼지요. 1990년대 이후 가족 형태가 다양해지며 개와 같은 반려동물을 친구나 가족처럼 대하는 문화가 자리 잡았어요. 2000년대부터 '애완동물'보다 '반려동물'이라는 말이 널리 쓰이기 시작했지요. 이제는 반려동물과 함께 여행을 가고, 장례식까지 치러 주는 시대가 되었어요.

자신감을 더해 주는 어휘 퀴즈

1 기사 내용과 같으면 ○, 다르면 × 표시를 하세요.

(1) 반려동물을 기르는 가구는 2023년보다 2024년에 더 많아졌다. (　　　)

(2) 반려동물 생애 비용에서 치료비는 최근 2년간 감소했다. (　　　)

(3) 펫코노미는 반려동물을 중심으로 한 산업을 말한다. (　　　)

(4) 글로벌 반려동물 시장은 오히려 축소되었다. (　　　)

2 밑줄 친 곳에 들어갈 알맞은 어휘를 보기 에서 골라 적으세요.

보기	가구, 토대, 생애, 육성

(1) 우리 학교는 축구 선수를 (　　　　　　)하려고 축구부를 만들었다.

(2) 새로운 도서관은 지역 문화가 자라는 (　　　　　　)가 될 것이다.

(3) 한 사람의 (　　　　　　)를 알면 그가 어떤 삶을 살았는지 이해할 수 있다.

(4) 이 아파트에는 세 (　　　　　　)가 공동으로 사용하는 정원이 있다.

3 괄호 안에 알맞은 낱말을 넣어, 기사를 완성해 보세요.

내가 뽑은 제목: ______________________________

2024년 기준 (　　　　　　)을 기르는 가구는 591만 가구로 지난해보다 늘었어요. 반려동물의 생애 비용인 입양비, 양육비, 치료비도 모두 (　　　　　　)했지요. 보고서는 설문 조사와 면접 결과를 (　　　　　　)로 작성됐어요. 반려 가구가 늘면서 '(　　　　　　)' 산업도 빠르게 성장하고 있으며, 정부의 산업 육성 대책에 따르면 국내 시장은 앞으로 2.5배까지 커질 것으로 보여요.

동물원을 계속 운영해도 괜찮을까?

요즘 반려동물을 가족처럼 생각하는 사람이 늘면서 동물 보호에 대한 관심도 커지고 있어요. 이런 흐름 속에서 동물원에 있는 동물들의 삶을 다시 바라보자는 의견도 나오고 있지요. 동물원은 멸종 위기 동물을 보호하는 역할을 하지만, 동물들이 좁은 우리에서 지내며 스트레스를 받는다는 지적도 있어요. 그렇다면 동물원을 계속 운영해도 괜찮을까요?

A 동물원은 멸종 위기 동물을 보호하고 번식시키는 데 도움이 돼요. 야생에서 살아가기 어려운 동물이라면 오히려 동물원이 더 안전할 수 있어요. 또 사람들이 동물을 직접 보며 자연을 아끼는 마음을 갖게 될 거예요.

B 동물원이 없으면 많은 사람이 동물을 직접 볼 기회가 줄어들어요. 동물을 가까이에서 보면 환경 보호의 필요성도 더 깊이 느낄 수 있어요. 실제로 요즘은 넓은 공간과 자연에 가까운 환경을 갖춘 동물원도 늘고 있어요.

C 아무리 넓어도 동물원은 자연과 달라요. 야생에서는 넓은 영역을 이동하는 동물도 우리 안에서 제한된 생활을 해야 해요. 그래서 스트레스를 받거나 이상 행동을 반복적으로 보이기도 해요. 동물을 위해서라면 동물원을 점차 줄여야 한다고 생각해요.

D 동물원을 없애기보다 운영 방식을 바꾸면 어떨까요? 전시 중심이 아니라 보호와 연구 중심으로 운영한다면, 동물 복지도 지키고 교육 효과도 이어 갈 수 있어요.

내 생각 정리하기

청소년 고갈 시대! 초저출생·초고령화 사회 진입

우리나라 청소년 인구가 40년 전에 비해 절반 가까이 줄어든 것으로 나타났어요. 여성가족부의 '2025 청소년 통계'에 따르면, 2025년 9~24세 청소년 인구는 762만 6천 명으로, 전체 인구의 14.8퍼센트를 차지해요. 이런 흐름이 계속되면 2038년에는 전체 인구의 9.8퍼센트 수준에 그칠 것으로 보여요. 청소년 인구가 줄면서 6~21세 **학령 인구**도 함께 감소하고 있어요.

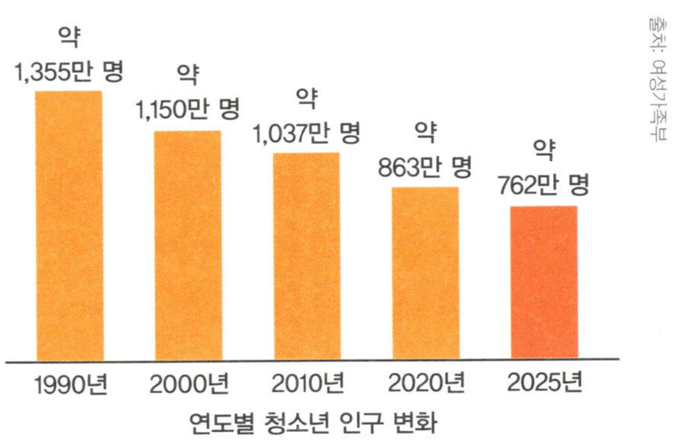

연도별 청소년 인구 변화

청소년 인구 감소의 가장 큰 이유는 계속되는 저출생과 고령화예요. 저출생은 사회 전반에서 아이를 적게 낳아 출생률이 낮아지는 현상을 말해요. 우리나라는 1983년 이후 저출생이 시작됐고, 2022년부터는 **합계** 출생률이 1.3명 이하인 초저출생 국가가 되었어요. 합계 출생률은 여성 한 명이 **가임** 기간(15~49세) 동안 낳을 것으로 예상되는 평균 자녀 수예요. 인구를 유지하려면 약 2명이 필요하지만, 2024년 우리나라 수치는 **불과** 0.75명이었어요.

반면 65세 이상 고령 인구 비율은 2025년 기준 전체 인구의 20퍼센트를 넘으며 초고령화 사회에 들어섰어요. 국민 5명 중 1명이 노인인 셈이지요. 우리나라는 OECD 국가 가운데 저출생과 고령화가 빠르게 진행되는 나라 중 하나예요. 전문가들은 이런 **극단적** 인구 구조 변화에 정부가 더욱 적극적으로 대응해야 한다고 강조해요.

알쏭달쏭 어휘 사전

- **학령 인구**(學齡人口) 학교에서 교육을 받는 사람의 수.
- **합계**(合計) 여러 수를 모두 더한 값.
- **가임**(可妊) 임신할 수 있는 상태.
- **불과**(不過) 그보다 더하지 않음을 나타내는 말.
- **극단적**(極端的) 지나치게 한쪽으로 치우친 상태.

문해력을 높여 주는 배경지식

청소년 인구가 줄어들면 무슨 일이 생길까?

청소년 인구가 줄면 학령 인구도 함께 감소해요. 그 결과 학교가 문을 닫거나 다른 곳과 통합하기도 하지요. 청소년이 자라 취업할 나이가 되면 일할 수 있는 사람도 줄어들어요. 특히 사람이 빠져나간 지방은 경제가 침체되고, 동네 자체가 사라질 위험도 있어요. 국가 전체 인구가 크게 줄면 나라를 이끌 인재가 부족해져 국가 경쟁력도 약해질 수 있어요. 이처럼 저출생 문제는 미래 사회 전체와 깊이 연결돼 있어요.

아이를 낳지 않는 이유는?

우리나라의 저출생 문제는 여러 요인이 함께 작용한 결과예요. 취업 경쟁이 치열하고 일자리가 불안정해지면서 청년들은 결혼과 출산을 미루고 있어요. 결혼을 하더라도 내 집 마련과 자녀를 키우는 데 드는 비용이 큰 부담이 되지요. 맞벌이가 늘었지만 육아를 충분히 돕는 제도와 문화는 아직 부족해요. 출산 뒤 경력이 끊기거나 차별을 받을까 걱정하는 사람도 많아요. 또 '결혼과 출산은 선택'이라는 개인의 생각을 존중하는 인식이 널리 퍼진 것도 저출생의 중요한 이유예요.

유럽 국가들의 저출생 극복 정책

스웨덴은 세계 최초로 남성 육아 휴직을 도입했어요. 부모는 480일 동안 육아 휴직을 나눠 쓸 수 있고, 그중 380일은 월급의 약 80퍼센트를 받아요. 보육 시설 이용 비용도 거의 들지 않아요. 프랑스와 영국도 출산 휴가를 보장하고, 아동 수당과 세금 감면 등 다양한 지원을 해요. 아이를 키우는 일이 개인만의 부담이 되지 않도록 사회가 함께 책임지는 정책이에요.

더 생각해 보기

시대에 따라 변화한 우리나라 인구 정책

지금은 저출생이 큰 고민이지만, 약 60년 전에는 인구가 너무 빨리 늘어 인구를 줄이려 노력했어요. 6·25 전쟁 이후 인구가 급증하자 정부는 1970년대에 '아들딸 구별 말고 둘만 낳아 잘 기르자', 1980년대에는 '일등 국민 하나 낳기' 같은 구호로 가족계획을 홍보했지요. 그 결과 인구는 안정됐지만, 1990년대 중반부터 출생률이 크게 떨어졌어요. 정부는 다시 출산을 장려하는 정책으로 방향을 바꾸었어요. 이처럼 인구 정책은 시대에 따라 달라져 왔어요.

자신감을 더해 주는 어휘 퀴즈

1 기사 내용과 같으면 ○, 다르면 × 표시를 하세요.

(1) 우리나라 청소년 인구는 40년 전보다 줄었다. ( )

(2) 우리나라의 2024년 합계 출생률은 2명이다. ( )

(3) 청소년 인구 감소의 주요 원인은 저출생과 고령화다. ( )

(4) 우리나라는 저출생과 고령화가 느리게 진행되는 국가 중 하나다. ( )

2 밑줄 친 곳에 들어갈 알맞은 어휘를 보기 에서 골라 적으세요.

보기	가임, 합계, 불과, 극단적

(1) 시간이 ( ) 5분밖에 남지 않았으니 서둘러야 한다.

(2) 아이는 ( ) 시기에만 가질 수 있다.

(3) ( )인 행동은 상황을 더 나쁘게 만들 수 있다.

(4) 일주일 동안 받은 용돈의 ( )는 만 원이었다.

3 괄호 안에 알맞은 낱말을 넣어, 기사를 완성해 보세요.

내가 뽑은 제목: ____________________

우리나라 청소년 인구는 ( )과 ( )로 계속 줄고 있어요. 여성 한 명이 가임 기간 동안 낳을 것으로 예상되는 ( ) 출생률은 인구를 유지하는 데 필요한 2명보다 낮고, 2024년에는 불과 0.75명이었어요. 반면 고령 인구는 빠르게 늘고 있어 ( )인 인구 구조 변화가 나타나고 있어요. 전문가들은 이런 흐름에 국가 차원의 적극적인 대응이 필요하다고 말해요.

저출생 문제, 경제적 지원을 더 늘려야 할까?

우리나라도 저출생을 극복하기 위해 다양한 정책을 시행해요. 출산 축하금과 아동 수당, 양육 수당처럼 경제적 지원은 물론, 아이를 갖기 어려운 부부에게 비용을 지원하는 제도도 마련돼 있지요. 하지만 이런 노력에도 저출생 문제는 쉽게 해결되지 않고 있어요. 그렇다면 저출생을 극복하려면 경제적 지원을 지금보다 더 늘려야 할까요?

A 청년층이 결혼과 출산을 망설이는 이유 중 하나는 경제적 부담이에요. 정부가 지원을 늘리면 출산을 결정하는 데 도움이 될 거예요. 실제로 자녀가 대학에 입학할 때까지 무상 교육을 지원하는 프랑스는 유럽 국가 중 출생률이 높은 편이에요.

B 경제적 지원만으로 출생률을 높이기는 어렵다고 생각해요. 출산을 꺼리는 이유는 매우 다양하기 때문이에요. 지원금을 유지하되, 고용 안정이나 돌봄 서비스처럼 생활 전반을 돕는 정책이 필요해요.

C 이미 지원을 하고 있지만 출생률이 오르지 않는 것은 사람들의 인식이 달라졌기 때문이에요. 결혼이나 출산을 당연하게 여기지 않고, 개인의 선택으로 보는 시각이 커졌지요. 이런 상황에서 지원을 더 늘리면 세금 부담만 커질 수 있어요.

D 취업이 어렵고 집값과 교육비 부담이 크다 보니 출산을 미루는 거예요. 그래서 경제적 지원과 함께 출산과 육아를 돕는 제도를 마련하는 것이 효과적이라고 생각해요. 출생률이 높은 나라들은 육아 휴직이나 유연 근무제처럼 일과 가정을 함께 지킬 수 있는 제도가 잘 갖춰져 있어요.

내 생각 정리하기

반려 로봇 개부터 스마트 의류까지, 시니어 테크가 만드는 미래

할머니가 "제니야" 하고 부르자 로봇 개가 짖으며 꼬리를 흔들어요. 제니는 세계 최대 가전·IT 박람회에서 공개된 반려 로봇 개예요. 치매를 앓는 노인을 돕고자 개발된 제품이지요.

전 세계적으로 고령화가 빠르게 진행되면서, 노인의 일상생활과 건강 관리를 돕는 '시니어 테크' 기술이 주목받고 있어요. 시니어 테크는 '노인'을 뜻하는 시니어(Senior)와 '기술'을 뜻하는 테크(Tech)를 합친 말이에요.

제니는 **생후** 12주 된 래브라도 리트리버를 **모방**해 만들었어요. 온몸에 센서를 **장착**해 사람이 쓰다듬으면 소리를 내며 반응하지요. 실제로 치매 환자들이 제니와 함께 지내자 우울감이 줄고, 공격적인 행동도 완화되었어요.

노인의 **보행**을 돕는 웨어러블 로봇도 등장했어요. 인공 지능이 움직임을 분석해 필요한 힘을 더해 주어, 안전하게 걸을 수 있도록 도와줘요.

질병을 미리 예방하는 디지털 헬스 기술도 발전하고 있어요. 심전도, 혈압, 체온 등을 **실시간**으로 측정해 심장 질환을 관리하는 스마트 의류가 대표적이에요. 집 안에 설치된 센서가 생활 패턴을 기록해 건강한 생활을 돕는 기기도 널리 쓰이고 있어요.

알쏭달쏭 어휘 사전

- **생후(生後)** 태어난 후.
- **모방(摸倣)** 다른 것을 본떠 따라 함.
- **장착(裝着)** 장비나 기구에 필요한 장치를 붙임.
- **보행(步行)** 걸어서 움직임.
- **실시간(實時間)** 지금 실제로 흐르고 있는 시간.

‘○○ 테크’란 무엇일까?

신문 기사에서 ‘○○ 테크’라는 표현을 자주 볼 수 있어요. 여기서 ‘테크(Tech)’는 ‘기술’을 뜻하는 ‘테크놀로지(Technology)’의 줄임말이에요. 특정 분야에 AI, 사물 인터넷, 디지털 기술을 더해 만든 새로운 서비스나 기술을 ‘○○ 테크’라고 불러요. 스포츠 테크, 기후 테크, 뷰티 테크, 헬스 테크, 에듀 테크 등이 대표적이에요. 기술이 발전할수록 이런 테크 산업은 더 다양해질 거예요.

몸에 착용하는 웨어러블 컴퓨터

스마트워치나 스마트 안경, 스마트 링, 가상 현실(VR) 헤드셋처럼 몸에 착용하는 전자 기기를 ‘웨어러블(Wearable)’이라고 해요. 웨어러블에는 여러 센서가 있어 사용자의 몸 상태와 주변 정보를 모아요. 덕분에 걸음 수를 재거나 건강을 관리하고, 통신이나 결제 같은 기능도 이용할 수 있어요. 최근에는 걷기 힘든 사람을 돕거나 무거운 짐을 쉽게 들 수 있는 웨어러블 로봇도 등장했어요. 소방관이 다리에 웨어러블 로봇을 착용하면 무거운 산소통도 훨씬 수월하게 들 수 있지요.

사람의 움직임을 돕는 웨어러블 로봇

빅 데이터로 건강을 관리한다고?

디지털 헬스 기술의 핵심은 건강 정보를 ‘빅 데이터(Big Data)’로 모아 분석하는 거예요. 빅 데이터는 양이 많고 종류가 다양해 사람이 직접 계산하기 어려워요. 그래서 AI가 그 안에서 규칙과 변화를 찾아내지요. 스마트워치 같은 웨어러블 기기는 심박수, 혈압, 걸음 수, 수면 상태를 실시간으로 기록해요. AI는 이렇게 모인 데이터를 분석해 “이 시간에 심장이 빨리 뛰어요” “수면이 얕아요” 하고 변화를 알려 주고, 알맞은 운동이나 생활 습관을 추천해요.

더 생각해 보기

어린이를 위한 ‘키즈 테크’도 있을까?

요즘 어린이들은 AI 스피커와 대화하고, 동요나 동화를 음성으로 듣는 데 익숙해요. 이런 흐름 속에서 어린이를 위한 ‘키즈 테크’도 빠르게 발전하고 있어요. 영어와 수학을 게임처럼 배우는 학습 앱, 용돈 미션으로 경제 감각을 키우는 앱, 어린이가 그린 그림을 디지털 데이터로 보관해 주는 서비스 등이 있어요. 자폐 아동의 치료를 돕는 앱이나, 발달 단계에 맞춰 장난감을 보내 주는 서비스도 키즈 테크에 속해요.

자신감을 더해 주는 어휘 퀴즈

1 기사 내용과 같으면 ○, 다르면 × 표시를 하세요.

(1) 제니는 치매를 앓는 노인을 돕기 위해 만들어진 반려 로봇 개다. (　　　)

(2) 제니는 센서를 장착해 사람이 쓰다듬으면 반응한다. (　　　)

(3) 시니어 테크는 어린이를 위한 기술을 뜻한다. (　　　)

(4) 웨어러블 로봇은 노인의 보행을 도와 안전하게 걷게 해 준다. (　　　)

2 밑줄 친 곳에 들어갈 알맞은 어휘를 보기 에서 골라 적으세요.

보기	생후, 모방, 장착, 보행

(1) 아기는 (　　　　　　) 100일이 되었다.

(2) 자전거에 안전등을 (　　　　　　)해 밤에도 잘 보였다.

(3) 어린 동생은 언니의 그림을 (　　　　　　)하며 연습했다.

(4) 지하철역 앞은 공사 중이어서 (　　　　　　)하기 어렵다

3 괄호 안에 알맞은 낱말을 넣어, 기사를 완성해 보세요.

내가 뽑은 제목: ______________________________

전 세계적으로 고령화가 빠르게 진행되며 노인을 돕는 '(　　　　　　) 테크'가 주목받고 있어요. 반려 로봇 개 '제니'는 강아지를 (　　　　　　)해 만들었고, 쓰다듬으면 센서가 반응해 치매 환자의 우울감 완화에 도움을 줘요. 노인의 (　　　　　　)을 돕는 웨어러블 로봇과 심전도, 혈압을 관리하는 디지털 (　　　　　　) 기술도 계속 발전하고 있답니다.

디지털 헬스 기술, 병원보다 더 믿을 수 있을까?

디지털 헬스는 AI와 빅 데이터를 활용해 우리 몸의 변화를 실시간으로 분석해 주는 기술이에요. 덕분에 병원에 가지 않아도 혈압, 심박수, 혈당 같은 정보를 바로 확인할 수 있지요. 그런데 이런 기술이 병원보다 더 믿을 만한지, 아니면 아직 위험 요소가 더 큰지 의견이 갈리고 있어요.

A AI와 빅 데이터는 사람보다 훨씬 많은 정보를 빠르게 분석할 수 있어요. 우리 몸의 변화를 실시간으로 살펴보니 오히려 병원 검사보다 더 정확할 수 있다고 생각해요. 특히 병원에 자주 가기 어려운 사람에게는 좋은 방법이 될 거예요.

B 기계나 프로그램은 오류가 날 수도 있어요. 잘못된 수치를 보여 주면 오히려 건강을 해칠 수 있지요. 실제로 기기 오류나 측정 실수로 문제가 된 사례도 있어서, 병원 진료를 완전히 대신하기는 아직 위험해요.

C 디지털 헬스 기술은 인터넷을 통해 작동하니까 개인 건강 정보 유출 위험도 있어요. 건강 정보는 특히 민감해 한 번 유출되면 되돌리기 어려워요. 철저한 관리가 이루어지지 않으면 국민 전체가 피해를 볼 수도 있어요.

D 기술이 계속 발전하고, 국가와 병원이 함께 기준을 세워 안전장치를 강화한다면 문제를 줄일 수 있어요. 이렇게 하면 디지털 헬스 기술과 병원 진료가 서로 부족한 점을 보완하며 함께 발전할 거예요.

내 생각 정리하기

가톨릭의 새로운 역사! 첫 미국인 교황 탄생

가톨릭 역사상 최초로 미국 출신 교황이 등장했어요. 2025년 5월, 교황청은 로버트 프랜시스 프레보스트 **추기경**이 제267대 교황으로 **선출**됐다고 발표했지요. 프란치스코 교황이 세상을 떠난 지 17일 만이에요. 새 교황의 즉위명은 '레오 14세'예요. 라틴어로 '사자'를 뜻하는 '레오'는 강인함과 용기, 리더십을 의미해요.

레오 14세는 1955년 미국 시카고에서 태어나 1982년 사제 서품을 받았어요. 사제 서품은 정해진 교육 과정을 거친 사람이 성직자가 되는 공식 의식이에요. 그는 1985년부터 약 20년 동안 페루의 빈민가와 농촌에서 선교사로 활동했어요. 영어와 스페인어를 비롯해 여러 언어에 **능통**하다고 알려졌지요.

이번 교황 선출은 바티칸 시스티나 성당에서 열린 추기경단의 비밀회의 '콘클라베'에서 이루어졌어요. 전 세계 70개국에서 모인 추기경 133명이 투표에 참여했고, 개막 이틀째에 진행된 네 번째 투표에서 레오 14세가 80퍼센트에 가까운 **지지**를 얻었지요. 그는 '강복의 발코니'에 나와 "평화가 모두와 함께하기를"이라고 첫인사를 전했어요.

세계 주요 언론은 "**중도** 성향의 레오 14세가 종교와 사회의 변화를 바라는 개혁파와, 전통을 중시하는 보수파 사이에서 균형을 잡을 것으로 기대된다"고 보도했어요.

알쏭달쏭 어휘 사전

- **추기경(樞機卿)** 가톨릭에서 교황 다음으로 높은 성직자로, 교황 선출에도 참여함.
- **선출(選出)** 여럿 중에서 골라 뽑음.
- **능통(能通)** 어떤 일이나 분야를 아주 잘 앎.
- **지지(支持)** 어떤 생각이나 사람의 의견에 찬성하며 힘을 보탬.
- **중도(中道)** 어느 한쪽으로 치우치지 않는 길이나 태도.

교황 선출을 위한 비밀회의, 콘클라베

라틴어로 '열쇠로 잠근 방'을 뜻하는 콘클라베는 추기경들이 새 교황을 뽑는 비밀회의예요. 보통 바티칸의 시스티나 성당에서 열리고, 첫날 한 차례 비밀 투표를 해요. 추천 절차 없이 각자 가장 적합하다고 생각하는 인물을 투표용지에 적지요. 둘째 날부터는 하루 두 번씩 투표가 이어지고, 3분의 2 이상 득표한 사람이 나올 때까지 계속돼요. 선출에 실패하면 성당 밖으로 검은 연기를 띄우고, 새 교황이 정해지면 흰 연기를 올려 전 세계에 교황 선출 소식을 알리지요.

세계에서 가장 작은 나라, 바티칸

바티칸은 이탈리아 로마에 있는 세계에서 가장 작은 나라예요. 가톨릭교회의 중심지로, 교황이 국가 원수 역할을 하지요. 나라는 작지만, 교황청을 중심으로 전 세계 가톨릭 교회를 이끄는 중요한 역할을 해요. 바티칸에는 자체 우표와 동전이 있고, 교황청은 다른 나라와 외교 관계도 맺어요. 성 베드로 대성당과 시스티나 성당처럼 역사와 예술 가치가 높은 건축물도 이곳에 있어요.

전 세계 가톨릭의 중심, 바티칸

세계에는 어떤 종교가 있을까?

지구촌에는 다양한 종교가 있어요. 종교마다 믿는 신과 가르침, 의식은 다르지만, 더 나은 삶을 바란다는 점은 비슷해요. 가톨릭과 개신교는 예수를 중심으로 사랑과 용서를 강조해요. 이슬람교는 알라를 믿으며 공동체와 규칙을 중요하게 여겨요. 불교는 부처의 가르침을 따라 마음의 깨달음을 추구하고, 힌두교는 오랜 전통 속에서 여러 신과 윤회를 믿어요. 오늘날 종교는 신앙을 넘어 문화와 역사, 사회 전반에 영향을 주고 있어요.

더 생각해 보기

AI 로봇 성직자도 등장했다고?

2017년 독일의 한 교회에서는 '블레스유투(BlessU-2)'라는 로봇 목사가 축복을 전해 화제가 됐어요. 화면에서 언어와 축복 종류를 고르면 로봇이 성경 구절을 읽어 주고, 축복하는 동작도 해요. 일본 교토의 사찰에는 로봇 승려 '민다르(Mindar)'가 있어요. 2019년에 만들어진 민다르는 불교 경전을 설명하며 스님처럼 불교 가르침을 전해 주기도 하지요.

자신감을 더해 주는 어휘 퀴즈

1 기사 내용과 같으면 ○, 다르면 x 표시를 하세요.

(1) 레오 14세는 가톨릭 최초의 미국 출신 교황이다. (　　　)

(2) 레오 14세는 1955년 이탈리아에서 태어났다. (　　　)

(3) 콘클라베에서는 한 번만 투표한다. (　　　)

(4) 레오 14세는 오랫동안 페루에서 선교사로 활동했다. (　　　)

2 밑줄 친 곳에 들어갈 알맞은 어휘를 보기 에서 골라 적으세요.

보기	선출, 능통, 지지, 중도

(1) 여러 후보 중 한 사람이 학생회장으로 (　　　　　　)됐다.

(2) 친구와 의견이 달라서 나는 (　　　　　　) 입장을 지키려 했다.

(3) 많은 사람이 환경 보호 정책을 (　　　　　　)했다.

(4) 언니는 영어에 (　　　　　　)해서 외국인과 대화도 잘한다.

3 괄호 안에 알맞은 낱말을 넣어, 기사를 완성해 보세요.

내가 뽑은 제목:

____

가톨릭 역사상 처음으로 미국 출신 교황이 (　　　　　)됐어요. 레오 14세는 1955년 미국 시카고에서 태어나 사제 (　　　　　)을 받고 선교사로 활동했어요. 이번 교황 선출은 바티칸 시스티나 성당에서 열린 추기경단의 비밀회의 '(　　　　　)'에서 이루어졌어요. 레오 14세는 (　　　　　) 성향으로 개혁파와 보수파 사이에서 균형을 잡을 것으로 기대돼요.

AI 로봇, 성직자가 될 수 있을까?

AI 기술이 발전하면서 종교 활동에도 변화가 나타나고 있어요. 챗봇으로 상담하거나 자료를 정리하고, 로봇 목사나 승려가 의식을 돕는 사례도 나오고 있지요. 하지만 감정과 신앙을 다루는 성직자의 역할을 AI가 대신할 수 있을지는 의견이 갈려요. AI 로봇은 정말 인간을 대신해 성직자가 될 수 있을까요?

A AI 로봇은 성직자의 일을 충분히 보조할 수 있다고 생각해요. 빅 데이터를 활용해 방대한 종교 자료를 빠르게 정리할 수 있고, 신자들의 질문에 정확하고 일관되게 답할 수 있어요. 사람의 말투나 표정에서 생기는 오해를 줄일 수 있다는 점도 장점이에요.

B 인간 성직자와 완전히 같지는 않겠지만, 일부 역할은 맡을 수 있다고 봐요. 몸이 불편하거나 멀리 살아 종교 활동에 참여하기 어려운 사람에게 AI 성직자가 도움이 될 수 있어요. 이미 불경이나 기도문을 읽어 주는 AI도 있잖아요.

C AI 로봇이 성직자를 돕는 데는 도움이 되지만, 완전히 대신하기는 어렵다고 생각해요. 종교는 인간의 고통과 삶의 의미를 다루는 영역인데, AI는 복잡한 감정에 공감하거나 상황을 깊이 이해하는 데 한계가 있어요. 지식 전달만으로 성직자의 역할을 다했다고 보기는 어려워요.

D 종교는 오랜 전통과 신앙이 쌓여 온 영역이에요. 인간 성직자는 이를 해석하고 책임 있게 전달하지만, AI는 프로그램에 따라 움직일 뿐이에요. 해킹이나 오류로 잘못된 메시지를 전달한다면, 사람들에게 큰 혼란을 줄 수도 있어요.

내 생각 정리하기

환경
★★

핵심 단어: 곰팡이

"기저귀에 곰팡이를?" 플라스틱 쓰레기 해결할 곰팡이 등장!

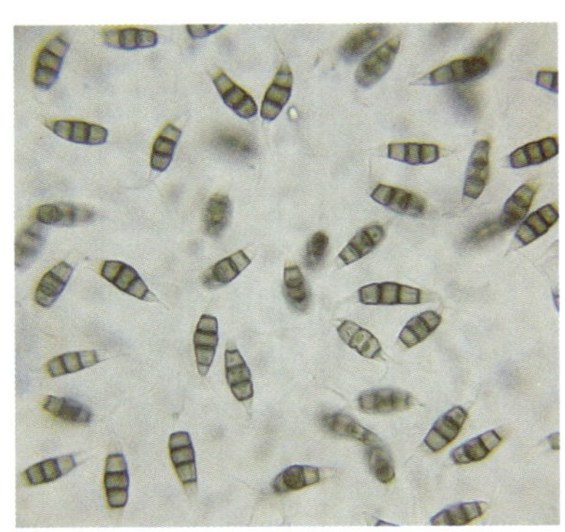

미국의 한 스타트업이 플라스틱을 분해하는 곰팡이를 활용한 일회용 기저귀를 출시했어요. 플라스틱 폐기물 문제의 새로운 해결책이 될지 **귀추**가 주목되고 있지요.

이 기저귀의 핵심은 '페스탈로티옵시스 미크로스포라'라는 곰팡이예요. 이 **균주**는 2011년 예일대학교 연구진이 에콰도르 열대 우림에서 발견했어요. 기저귀의 주요 소재인 폴리우레탄을 분해하는 능력을 지녔지요. 플라스틱의 **일종**인 폴리우레탄은 자연에서 분해되는 데 최대 500년이 걸려요.

기저귀 안에는 이 곰팡이를 담은 파우치를 넣었어요. 아기의 배설물과 닿으면 곰팡이가 **활성화**되어 플라스틱을 분해해요. 실험에서는 약 9개월 후에 기저귀가 흙처럼 변했다고 해요.

이 스타트업 창업자는 "플라스틱은 화석 연료, 즉 동식물에서 만들어지는데, 균류는 나무를 분해하도록 진화했기 때문에 구조가 비슷한 플라스틱도 분해할 수 있다"고 설명했어요.

다만 기후에 따라 분해 속도가 달라, 실제 환경에서도 분해가 되는지 더 확인해야 해요. 이 기술은 **차후** 성인용 기저귀와 물티슈, 포장재 등에도 확대 적용될 계획이에요.

알쏭달쏭 어휘 사전

- **귀추(歸趨)** 일이 되어 가는 형편.
- **균주(菌株)** 세균이나 곰팡이를 골라 순수하게 길러 낸 것.
- **일종(一種)** 한 종류. 또는 한 가지.
- **활성화(活性化)** 어떤 일이나 조직의 활동을 더 활발하게 함.
- **차후(此後)** 지금 이후, 앞으로.

생태계의 분해자, 곰팡이

우리 주변에서 흔히 볼 수 있는 곰팡이는 자연을 깨끗하게 만드는 중요한 분해자예요. 죽은 동물이나 식물을 분해해 다른 생물이 사용할 수 있는 영양분으로 바꿔 주지요. 어떤 곰팡이는 다른 생물과 공생하며 성장을 돕고, 항생제나 항암제의 원료가 되기도 해요. 환경 오염 물질을 덜 해로운 물질로 바꿔 환경 정화에 도움을 주지요. 치즈나 된장처럼 발효 식품에도 빠질 수 없는 존재예요.

곤충도 플라스틱을 분해한다고?

꿀벌부채명나방 애벌레는 비닐봉지를 분해할 수 있어요. 애벌레 2천 마리는 하루 만에 비닐봉지 하나를 분해하고, 플라스틱을 지방으로 바꾸어요. 밀웜은 딱정벌레의 애벌레로, 곡물을 먹고 자라지만 스티로폼도 소화할 수 있어요. 밀웜은 스티로폼을 이산화 탄소와 배설물로 바꾸는데, 그 배설물로 식물을 키워도 안전하다는 연구 결과가 있어요. 이런 연구는 플라스틱 문제를 해결할 새로운 실마리가 되고 있어요.

플라스틱과 환경 호르몬은 무슨 관계일까?

일부 플라스틱에는 '환경 호르몬'이 들어 있어요. 환경 호르몬은 몸속 호르몬과 비슷하게 작용해 성장이나 면역, 생식 기능에 영향을 줘요. 특히 뜨거운 물이나 기름이 닿으면 더 쉽게 배출돼요. 그래서 플라스틱 용기를 전자레인지에 넣지 않고, 뜨거운 음식을 담지 않는 것이 좋아요. 일회용 컵과 비닐봉지를 줄이는 것도 환경 호르몬 섭취를 줄이는 방법이에요.

더 생각해 보기

바다에 떠다니는 '쓰레기 섬'이 있다고?

바다에는 파도와 해류가 쓰레기를 한곳으로 모으는 지점이 있어요. 이렇게 모인 쓰레기가 거대한 '쓰레기 섬'을 만들지요. 가장 잘 알려진 곳은 태평양 한가운데에 있는 '태평양 거대 쓰레기 지대(GPGP)'예요. 이곳은 우리나라보다 몇 배나 넓어요. 큰 섬처럼 보이지만 실제로는 작은 플라스틱 조각이 모인 것이지요. 바다 한가운데에 떠 있어 치우기도 어려워요. 해양 생물은 이를 먹이로 착각하거나 그물에 걸려 다치기도 해요. 그렇기 때문에 플라스틱을 줄이는 일이 바다를 지키는 첫걸음이에요.

자신감을 더해 주는 어휘 퀴즈

1 기사 내용과 같으면 ○, 다르면 × 표시를 하세요.

(1) 이 기저귀는 플라스틱을 분해하는 곰팡이를 넣어 만든 제품이다. (　　)

(2) 폴리우레탄은 자연에서 몇 주 안에 저절로 분해되는 물질이다. (　　)

(3) 곰팡이는 배설물과 닿으면 활성화되어 플라스틱을 분해한다. (　　)

(4) 이 기술은 차후 다른 제품에 적용할 계획이 없다. (　　)

2 밑줄 친 곳에 들어갈 알맞은 어휘를 보기에서 골라 적으세요.

보기	귀추, 균주, 활성화, 일종

(1) 배추김치와 깍두기는 김치의 (　　　　)이다.

(2) 연구소는 특정 (　　　　)를 이용해 새로운 백신을 개발하고 있다.

(3) 축제 기간에 지역 상점들이 크게 (　　　　)되었다.

(4) 두 팀의 경기 결과가 어떻게 될지 (　　　　)가 주목된다.

3 괄호 안에 알맞은 낱말을 넣어, 기사를 완성해 보세요.

내가 뽑은 제목:

미국의 한 스타트업이 곰팡이 균주를 활용한 일회용 (　　　　)를 출시했어요. 이 곰팡이는 (　　　　)과 닿으면 플라스틱의 일종인 폴리우레탄을 (　　　　)해, 몇 달 안에 기저귀를 흙처럼 바꾼다고 해요. 이 기술이 플라스틱 폐기물 문제의 새로운 해결책이 될지 (　　　　)가 주목되고 있어요.

깊이 생각하며 사고력 키우기

기후 위기를 막으려면 플라스틱을 꼭 줄여야 할까?

인도네시아 발리처럼 아름다운 해변도 큰비가 오면 바다에서 밀려온 비닐봉지와 플라스틱 컵으로 뒤덮이곤 해요. 이런 일이 전 세계 해안에서 반복되면서 플라스틱 문제가 기후 위기의 중요한 원인으로 떠올랐어요. 그래서 일회용품 사용을 줄이거나 금지하자는 정책이 논의되고 있지요.

A 플라스틱 문제는 심각하지만, 일상에서 플라스틱을 완전히 없애기는 어려워요. 의료용품이나 식품 포장처럼 꼭 필요한 경우도 많으니까요. 그래서 무조건 사용을 줄이기보다 분해되는 바이오 플라스틱이나 대체 소재 개발에 더 힘써야 한다고 생각해요.

B 이미 배출한 플라스틱을 어떻게 처리하느냐가 더 중요해요. 전 세계 플라스틱의 재활용률은 약 9퍼센트에 불과해요. 재활용 기술이 발전하면 쓰레기가 자원으로 바뀌어 환경 부담을 크게 줄일 수 있어요.

C 기후 위기를 막으려면 플라스틱 쓰레기에 대한 책임을 분명히 해야 해요. 플라스틱을 많이 만든 기업이나 국가가 처리 비용까지 부담한다면, 함부로 많이 만들지 않을 거예요. 이렇게 책임을 지게 하면 행동을 바꿀 수 있다고 생각해요.

D 처벌만으로는 한계가 있으니 보상도 필요하다고 생각해요. 플라스틱 쓰레기를 잘 수거하고 재활용한 개인이나 나라에 금전적 혜택이나 무역에서 유리한 조건을 준다면, 앞다투어 플라스틱 문제를 해결하려고 노력할 거예요.

내 생각 정리하기

자연을 담아 노래한 〈관동별곡〉

강호(江湖)애 병(病)이 깁퍼 듁님(竹林)의 누엇더니,
관동(關東) 팔ᄇᆡᆨ(八百) 니(里)에 방면(方面)을 맛디시니,
어와 셩은(聖恩)이야 가디록 망극(罔極)ᄒᆞ다.
…
영듕(營中)이 무ᄉᆞ(無事)ᄒᆞ고 시졀(時節)이 삼월(三月)인 제,
화쳔(花川) 시내길히 풍악(楓岳)으로 버더 잇다.
힝장(行裝)을 다 ᄯᅥᆯ티고 셕경(石逕)의 막대 디퍼,
ᄇᆡᆨ쳔동(百川洞) 겨ᄐᆡ 두고 만폭동(萬瀑洞) 드러가니,
은(銀) ᄀᆞᄐᆞᆫ 무지게 옥(玉) ᄀᆞᄐᆞᆫ 룡(龍)의 초리,
섯돌며 ᄲᅮᆷ는 소ᄅᆡ 십(十) 리(里)의 ᄌᆞ자시니,
들을 제ᄂᆞᆫ 우레러니 보니ᄂᆞᆫ 눈이로다.

해설

강호에 대한 사랑이 병처럼 깊어 죽림에 누웠더니,
팔백 리 떨어진 강원도 관찰사를 맡으라고 하시네.
아아, 임금의 은혜야말로 갈수록 끝이 없구나.
…
관청은 무사하고 시절은 3월인데,
화천의 시냇길은 금강산까지 뻗어 있다.
행장을 잘 꾸리고 돌길에 지팡이 짚어
백천동을 지나 만폭동 계곡으로 들어가니
은 같은 무지개, 옥 같은 용의 꼬리를 닮은 폭포가
섞어 돌며 내뿜는 소리가 십 리까지 퍼졌으니
들을 땐 우렛소리 같더니, 볼 때는 눈보라 같구나.

읽기 안내
처음에는 뜻을 모두 이해하려 하지 말고, 소리 나는 대로 읽어 보세요.

어휘

강호(江湖) 옛날에 선비나 시인이 세상을 떠나 지내던 시골이나 자연.
죽림(竹林) 대나무가 빽빽하게 자란 숲.
무사(無事) 아무 탈 없이 편안함.
행장(行狀) 여행할 때 챙기는 짐과 차림.
우렛소리 천둥 칠 때 나는 큰 소리.

중심 내용 요약하기

이해력을 키우는 배경지식

금강산과 관동팔경을 여행하고 쓴 글, <관동별곡>

<관동별곡>은 1580년에 정철이 지은 가사예요. 정철은 45세 무렵 강원도 관찰사로 임명되어 원주에서 근무했어요. 그는 금강산을 비롯해 강릉의 경포대, 삼척의 죽서루 등 강원도의 아름다운 경치를 두루 둘러보았지요. 여행길에서 느낀 감동과 자연의 아름다움을 시처럼 풀어낸 작품이 바로 <관동별곡>이에요. 비유와 묘사가 뛰어나고, 우리말의 리듬을 잘 살린 작품으로 높이 평가받고 있어요.

여행의 소감이나 감상을 적은 기행 가사

가사는 시와 산문의 중간 형태로, 우리 고유의 운율을 살린 시가 문학이에요. 이 가운데 기행 가사는 여행하며 보고 느낀 경험을 담은 글로, 오늘날의 기행문과 비슷해요. <관동별곡>은 내용에 따라 네 부분으로 나뉘어요. 1단은 임금의 부름을 받고 강원도 원주로 부임하는 과정, 2단은 내금강의 아름다움, 3단은 외금강과 해금강, 관동팔경의 경치, 4단은 꿈속에서 신선과 어울리며 자연을 즐기는 모습을 그렸어요.

역사 속 사건 알아보기

조선 시대의 관찰사란?

정철이 맡았던 '관찰사'는 오늘날의 도지사에 해당하는 관리예요. 세금을 거두고 법을 잘 지키는지 점검하며, 백성의 삶을 살피는 중요한 일을 맡았어요. 한 도(道)를 책임지며, 도에 속한 여러 고을을 직접 찾아가 문제가 없는지 확인했지요. 관리가 잘못하면 바로잡고, 억울한 백성이 있으면 해결해 주었어요. 나라의 명령을 지방에 전달하는 중요한 '다리' 역할도 했답니다.

인물 상식

조선 시대 정치가이자 예술가로 활동한 정철(1536~1593년)

정철의 호는 '송강(松江)'이에요. 부유한 집안에서 태어나 당시 유명한 학자들에게 시와 학문을 배웠어요. 스물여덟 살이 되던 1563년에 벼슬길에 올라 우의정, 좌의정 등 여러 직위를 지냈지요. <관동별곡> <성산별곡> <사미인곡> <속미인곡> 같은 뛰어난 가사 작품을 남겨 '가사 문학의 대가'로 불려요.

생각을 여는 문해력 테스트

1 기행 가사에 대한 설명이 옳으면 ○, 다르면 x 표시를 하세요.

(1) 기행 가사는 여행하며 보고 느낀 것을 담은 글이다. ( )

(2) 〈관동별곡〉은 1800년에 지어진 조선 후기의 작품이다. ( )

(3) 가사는 시와 산문의 특징을 지닌 우리 고유의 시가 문학이다. ( )

2 밑줄 친 곳에 들어갈 알맞은 어휘를 보기 에서 골라 적으세요.

보기	강호, 무사, 행장, 우렛소리

(1) 여행을 떠나기 전에 필요한 ( )을 챙겼다.

(2) 멀리서 번개가 치더니 ( )가 들려왔다.

(3) 오랜만에 변함없는 일상 덕분에 마음이 참 ( )했다.

(4) 시인은 번잡한 도시를 떠나 ( )에서 자연을 즐겼다.

생각을 확장하는 글쓰기

최근 다녀온 장소를 떠올리며 '나만의 기행문'을 짧게 써 보세요.

8주 차

#듀프소비
#배리어프리
#쓴맛
#다인종다문화
#미세먼지
#설화

"요즘 누가 명품 사요?" 고물가 시대 듀프 소비 열풍

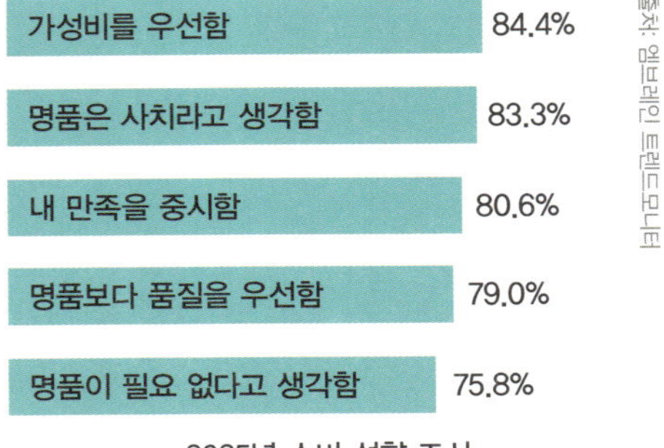

2025년 소비 성향 조사

고물가 시대를 맞아 고가의 명품 대신 가성비 높은 **대안** 제품을 찾는 '듀프(Dupe)' 소비가 새로운 트렌드로 떠올랐어요. 듀프는 '복제'를 뜻하는 듀플리케이션(Duplication)에서 나온 말이에요. 짝퉁이 명품 로고와 디자인만 그대로 베낀 저품질 제품이라면, 듀프는 브랜드 로고를 사용하지 않고 디자인과 품질이 비슷한 합리적인 대체품이에요.

한 설문 조사에서 평소 소비 성향을 묻는 질문에 다수의 응답자는 가성비를 가장 중요하게 여기고, 남의 시선보다 자신의 만족을 더 중시한다고 답했어요. 과한 명품 소비를 사치로 보는 인식도 높게 나타났지요.

듀프 소비가 특히 활발한 분야는 의류와 화장품이에요. 유니클로는 유명 의류 브랜드와 **협업**해, 가격은 명품보다 저렴하지만 품질은 좋은 한정판 제품을 선보였어요. 이런 제품은 새벽부터 줄을 서서 구입하는 '오픈런'이 벌어지기도 해요. 다이소 화장품은 명품과 기능이 비슷하다는 입소문이 퍼지며 품절 **대란**을 일으켰어요.

반면 일부 명품 브랜드는 매출이 크게 줄며 **고전**하고 있어요. 듀프 소비의 확산은 단순히 고물가 때문만은 아니에요. 요즘 소비자들은 가성비뿐 아니라 마음의 만족, 즉 '가심비'도 중시해요. 비싼 브랜드를 **과시적**으로 소비하기보다, 자신이 중요하게 생각하는 가치가 담긴 제품을 선택하고 싶어 하지요.

알쏭달쏭 어휘 사전

- **대안(代案)** 어떤 안을 대신할 다른 계획이나 방법.
- **협업(協業)** 여러 사람이 역할을 나누어 함께 일하는 방식.
- **대란(大亂)** 크게 혼란이 일어난 상황.
- **고전(苦戰)** 몹시 힘들게 싸우거나 애쓰는 일.
- **과시적(誇示的)** 자랑하듯 드러내 보이는 태도.

문해력을 높여 주는 배경지식

듀프 소비는 왜 트렌드가 되었을까?

듀프 소비는 비싼 브랜드 제품과 비슷한 기능이나 디자인을 가진 저렴한 대체품을 사는 것을 말해요. 명품을 그대로 베낀 '짝퉁'은 지적 재산권을 침해해 문제가 되지만, 듀프 제품은 로고를 쓰지 않아 법적 논란이 적은 편이에요. 다만 디자인이 지나치게 비슷하면 문제가 될 수 있어, 소비자도 신중하게 살펴볼 필요가 있어요. 듀프 소비에는 돈을 아끼려는 마음뿐 아니라, 실속 있게 물건을 고르려는 태도가 담겨 있어요. 특히 젊은 세대는 SNS에 후기를 올리며 듀프 소비를 하나의 문화처럼 즐기기도 해요.

가성비와 가심비가 왜 중요할까?

'가성비'는 '가격 대비 성능'의 줄임말로, 적은 비용으로 큰 효과를 얻는 소비예요. 반면 '가심비'는 '가격 대비 심리적 만족'이라는 뜻으로, 내 기분과 만족감을 기준으로 물건을 고르는 소비를 말해요. 이 두 기준은 수많은 물건 가운데 무엇을 살지 결정할 때 도움을 줘요. 가성비를 따지면 불필요한 지출을 줄일 수 있고, 가심비를 선택하면 더 큰 만족을 얻을 수 있어요.

명품이 비싼 이유, 희소성의 법칙

많은 사람은 명품이 비싼 만큼 품질도 뛰어나다고 생각해요. 하지만 제조 원가는 생각보다 높지 않은 경우도 있어요. 명품이 비싼 이유는 일부러 적은 수량만 만들어 구하기 어렵게 하기 때문이에요. 이렇게 희소성이 생기면 가격이 높아도 사고 싶어지지요. 또 명품 브랜드는 가격을 꾸준히 올리며 가치를 유지해요. 어떤 명품은 시간이 지나도 값이 잘 떨어지지 않고, 중고 가격이 오르기도 해요. 그래서 명품을 투자처럼 사는 사람도 있어요. 여기에 매장 분위기와 서비스까지 더해져, 명품을 사는 과정 자체가 특별한 경험이 되기도 해요.

더 생각해 보기

지적 재산권을 보호해야 하는 이유

지적 재산권은 책, 영화, 웹툰 같은 창작물과 발명품, 상표처럼 눈에 보이지 않는 자산을 보호하는 권리예요. 이를 지키면 창작자는 정당한 보상을 받고, 기업은 브랜드 가치를 높일 수 있어요. 반대로 지적 재산권이 침해되면 창작 의욕이 떨어지고, 시장 질서도 무너져요. 음악이나 영화를 무단으로 다운로드하거나, 짝퉁 제품을 만들고 파는 일은 모두 지적 재산권을 침해하는 행동이에요.

자신감을 더해 주는 어휘 퀴즈

1 기사 내용과 같으면 ○, 다르면 × 표시를 하세요.

(1) 듀프 제품은 명품 로고를 그대로 베낀 저품질 제품을 말한다. (　　　)

(2) 듀프 열풍은 의류와 화장품 분야에서 두드러지게 나타난다. (　　　)

(3) 다이소 화장품은 입소문으로 품절 대란이 일어나기도 했다. (　　　)

(4) MZ세대는 가격이 비싼 명품일수록 더 많이 구매하려는 경향이 있다. (　　　)

2 밑줄 친 곳에 들어갈 알맞은 어휘를 보기 에서 골라 적으세요.

보기	대안, 협업, 대란, 고전

(1) 갑자기 눈이 많이 내려 교통(　　　　　)이 일어났다.

(2) 두 친구는 서로 아이디어를 나누며 프로젝트를 (　　　　　)으로 진행했다.

(3) 우리는 계획이 막히자 새로운 (　　　　　)을 찾아보기로 했다.

(4) 우리 팀은 강한 상대를 만나 초반부터 경기에서 크게 (　　　　　)했다.

3 괄호 안에 알맞은 낱말을 넣어, 기사를 완성해 보세요.

내가 뽑은 제목:

고물가 시대를 맞아 명품 대신 저렴한 대안 제품을 찾는 '(　　　　　)' 소비가 늘고 있어요. 유니클로는 유명 의류 브랜드와 (　　　　　)해 듀프 열풍을 이끌었고, 다이소 화장품은 (　　　　　) 대란을 일으켰어요. 반면 명품 브랜드들은 매출이 줄며 고전하고 있어요. 요즘 소비자들은 가성비뿐 아니라 마음의 만족, 즉 '(　　　　　)'를 중시한답니다.

누구나 윤리적인 소비를 해야 할까?

개인의 이익만이 아니라 사회적 책임과 지속 가능성을 고려하는 소비를 '윤리적 소비'라고 해요. 예를 들어 생산자에게 정당한 값을 지급해 만든 공정 무역 초콜릿이나 지역에서 생산된 로컬 농산물, 판매 금액 일부를 환경 보호에 쓰는 텀블러처럼 소비를 통해 가치 있는 일을 할 수 있는 제품들이 있어요. 그렇다면 모든 사람이 윤리적 소비를 해야만 할까요?

A 세상에는 수많은 물건이 있고, 윤리적 소비는 그중 하나의 선택 기준일 뿐이에요. 민주주의 사회에서 특정한 소비 방식을 모두에게 강요할 수는 없어요. 각자의 형편과 생각에 따라 자유롭게 선택해야 한다고 봐요.

B 같은 기능과 품질이라면 윤리적 소비를 하는 게 좋다고 생각해요. 소비를 통해 누군가를 돕거나 환경을 지킬 수 있다면 보람도 크니까요. 이런 선택이 늘어나면 기업과 사회 전체가 긍정적으로 바뀔 거예요.

C 윤리적 소비 제품은 가격이 비싼 경우가 많아요. 실제로 공정 무역 초콜릿을 사 봤는데, 가격에 비해 만족도가 높지 않았어요. 이런 경험이 쌓이면 윤리적 소비를 계속하지 않을 거예요.

D 윤리적 소비를 개인에게만 맡길 것이 아니라, 기업도 책임을 다해야 해요. 기업이 처음부터 윤리적으로 제품을 만든다면 소비자가 굳이 구분하지 않아도 되겠지요. 제도와 기준을 통해 윤리적 생산을 늘려야 해요.

내 생각 정리하기

사회 문화 ★★

모두를 위한 배리어 프리 키오스크 의무화 제도

2026년 1월부터 일정 규모 이상의 매장은 배리어 프리 키오스크를 의무적으로 설치해, 누구나 불편 없이 시설을 이용할 수 있도록 해야 해요.

요즘 상점에서 흔히 볼 수 있는 키오스크는 소비자가 직원 도움 없이 주문과 결제를 할 수 있는 기기예요. 인건비를 줄일 수 있어 많은 상점에서 쓰고 있지요.

편리함 때문에 키오스크를 선호하는 사람도 있지만, 디지털 기기에 익숙하지 않은 고령층이나 장애인은 사용이 쉽지 않지요. 일반 성인 기준으로 설치된 키오스크는 휠체어 이용자에게는 화면이 높고, 시력이 좋지 않은 노인에게는 글씨가 잘 보이지 않아요. 이런 불편을 줄이기 위해 정부가 배리어 프리 키오스크 의무화를 추진한 거예요.

이에 따라 매장 면적이 50제곱미터 이상이면 큰 글씨, 점자 블록, 음성 안내 기능, 화면 높이 조절 장치 등을 갖춘 키오스크를 설치해야 해요. 휠체어가 들어갈 수 있는 공간도 반드시 마련해야 하지요. 이를 지키지 않으면 3천만 원 이하의 과태료가 부과될 수 있어요.

다만 비용 부담을 걱정하는 목소리도 나와요. 일반 키오스크보다 배리어 프리 키오스크의 가격이 비싸, 적용 대상이 확대될 경우 자영업자의 부담을 어떻게 줄일지도 함께 논의해야 한다는 의견이 있어요.

알쏭달쏭 어휘 사전

- **규모(規模)** 사물이나 일의 크기나 범위.
- **의무적(義務的)** 마음과 상관없이 반드시 해야 하는 일.
- **인건비(人件費)** 사람이 일한 대가로 받는 돈.
- **선호(選好)** 여러 가지 중에서 특별히 더 좋아함.
- **추진(推進)** 목표를 향해 일을 밀고 나아감.

문해력을 높여 주는 배경지식

사회적 약자를 위한 배리어 프리

배리어 프리는 '장벽(Barrier)'을 없애 누구나 '자유롭게(Free)' 생활할 수 있게 하자는 뜻이에요. 어린이, 노인, 장애인, 임산부처럼 도움이 더 필요한 사람들이 일상에서 겪는 불편을 줄이는 일을 말하지요. 계단 대신 경사로를 설치하는 것처럼 눈에 보이는 장벽을 없애는 일뿐 아니라, 차별이나 소외가 생기지 않도록 제도와 교육으로 보이지 않는 장벽을 줄이는 일도 포함돼요. 한마디로 모두가 안전하고 편리하게 지낼 수 있는 환경을 만드는 거예요.

일상생활에서 배리어 프리 찾기

우리 주변에는 배리어 프리 시설이 많아요. 시각 장애인을 위한 노란 점자 블록, 소리로 신호를 알려 주는 음향 신호등, 면적이 넓은 장애인 전용 주차장, 바닥이 낮은 저상 버스 등이 그렇지요. 청각 장애인을 위해 뉴스나 영상에 자막과 수어 통역을 넣는 것도 배리어 프리예요. 요즘은 디지털 배리어 프리도 중요해요. 글씨를 크게 보는 확대 기능, 화면을 읽어 주는 음성 안내처럼 디지털 환경에서도 배리어 프리 사례가 늘고 있어요.

휠체어가 쉽게 드나들 수 있는 저상 버스

무심코 쓰는 말에도 장벽이 숨어 있어요

예전부터 쓰던 말 가운데, 장애를 빗대어 누군가를 깎아내리는 표현도 있어요. '눈뜬장님' '꿀 먹은 벙어리' '결정 장애' 같은 표현이 그렇지요. '벙어리장갑'은 언어 장애인을 낮춰 부르는 말이에요. '엄지장갑'이나 '손모아장갑'이라고 표현하는 게 좋아요. 말이 달라지면, 서로를 존중하는 마음도 더 잘 전할 수 있어요. 상대를 존중하는 언어를 사용하는 것도 배리어 프리를 실천하는 좋은 방법이랍니다.

더 생각해 보기

포괄적 차별 금지법이란?

모든 분야에서 장애, 성별, 나이, 종교 등 어떤 이유로도 부당하게 차별하지 못하도록 막는 법이에요. 차별을 당했을 때 도움을 요청하고, 구제받을 수 있게 하자는 취지지요. 국가인권위원회는 2006년에 차별 금지법 제정이 필요하다고 권고했지만, 표현의 자유 침해 등을 걱정하는 의견도 있어 아직 논의 중이에요. 우리나라는 현재 장애인차별금지법, 남녀고용평등법처럼 차별을 막는 법을 분야별로 시행하고 있어요.

자신감을 더해 주는 어휘 퀴즈

1 기사 내용과 같으면 ○, 다르면 × 표시를 하세요.

(1) 배리어 프리는 누구나 불편 없이 시설을 이용하도록 만드는 것을 뜻한다. (　　　)

(2) 키오스크를 이용하면 인건비가 더 많이 든다. (　　　)

(3) 휠체어 이용자는 일반 키오스크가 너무 높아 사용이 어렵다. (　　　)

(4) 배리어 프리 키오스크 의무를 지키지 않아도 과태료는 없다. (　　　)

2 밑줄 친 곳에 들어갈 알맞은 어휘를 보기 에서 골라 적으세요.

보기	의무적, 인건비, 선호, 추진

(1) 도서관은 어린이 독서 행사를 (　　　　　　　)하기로 했다.

(2) 부모님은 채소가 많은 메뉴를 (　　　　　　　)한다.

(3) 가게에서는 (　　　　　　　)를 줄이려고 자동 계산대를 도입했다.

(4) 안전을 위해 교실에서는 실내화를 (　　　　　　　)으로 신어야 한다.

3 괄호 안에 알맞은 낱말을 넣어, 기사를 완성해 보세요.

내가 뽑은 제목: ______________________________

2026년부터 일정 (　　　　　　) 이상의 매장은 (　　　　　　) 프리 키오스크를 설치해야 해요. 키오스크는 (　　　　　　)를 줄일 수 있어 많은 매장에서 선호해요. 하지만 고령층이나 장애인은 화면 높이나 작은 글씨 때문에 사용이 어려웠지요. 이런 불편을 해결하기 위해 정부는 배리어 프리 키오스크 의무화를 (　　　　　　)했고, 지키지 않으면 과태료를 부과하기로 했어요.

배리어 프리 키오스크, 꼭 의무적으로 설치해야 할까?

정부가 배리어 프리 키오스크 의무 설치를 발표했어요. 취지에 공감하는 목소리가 있지만, 이를 법으로 강제해야 하는지를 두고 의견이 갈리고 있어요. 지금처럼 배리어 프리 키오스크 설치를 의무적으로 추진하는 것이 바람직할까요?

A 일반 키오스크는 휠체어 이용자나 시각 장애인이 사용하기 어려워요. 모든 사람이 차별 없이 주문하려면 법으로 정해 의무화할 필요가 있어요. 선택에 맡기면 일부 사람들은 계속 불편을 감수해야 하기 때문이에요.

B 취지는 이해하지만, 배리어 프리 키오스크는 일반 키오스크보다 가격이 훨씬 비싸요. 앞으로 배리어 프리 키오스크가 확대 적용되면, 비용을 감당하지 못하는 가게가 생길 수도 있어요. 그래서 모두에게 같은 기준을 요구하는 건 어렵다고 생각해요.

C 처음에는 비용이 들지만, 장기적으로는 도움이 될 수 있어요. 장애인이나 고령층 등 더 많은 손님이 이용하게 되기 때문이에요. 그래서 의무 설치가 가게 운영에 이익이 될 거예요.

D 배리어 프리 키오스크는 단순한 편의 시설이 아니라 사회가 지켜야 할 기준이라고 생각해요. 엘리베이터나 점자 블록처럼 누구나 이용할 수 있도록 갖춰야 하는 환경이죠. 의무 설치는 특정 집단을 위한 배려가 아니라, 모두를 위한 기본 조건이라고 봐요.

내 생각 정리하기

쓴맛, 혀가 아니라 뇌가 먼저 안다!

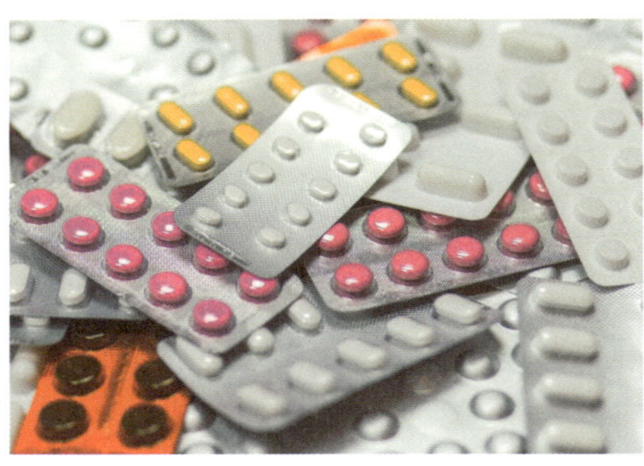

감기약이나 씀바귀 같은 채소를 먹으면 얼굴이 찌푸려져요. 쓴맛이 나는 음식을 먹으면 본능적으로 나타나는 반응이지요. 그런데 우리가 쓴맛을 느끼는 이유는 혀가 아니라 뇌가 보내는 신호 때문이라는 사실이 밝혀졌어요.

미국 노스캐롤라이나대학교 연구팀은 혀의 맛세포 안에 있는 단백질 수용체 'TAS2R14'를 조사했어요. 이 수용체는 100가지가 넘는 쓴맛을 구별할 수 있어요. 그동안 단맛이나 감칠맛, 쓴맛을 느끼는 원리는 잘 알려지지 않았는데, 이번 연구를 통해 혀가 쓴맛을 감지하는 원리가 드러났지요.

쓴 감기약을 입에 넣으면 약 속 화학 물질이 혀의 TAS2R14와 결합해요. 그 찰나에 수용체의 모양이 바뀌고, 뇌로 '쓴맛이 감지됐다'는 신호가 전달돼요. 뇌는 이 신호를 분석해 쓴맛을 판단하지요. 즉, 쓴맛은 혀에서 바로 느껴지는 것이 아니라, 수용체와 뇌가 함께 작동하는 메커니즘 속에서 결정돼요.

연구팀은 "쓴맛을 느끼는 메커니즘을 이해하면, 쓰지 않은 약을 만들거나 부작용 위험이 낮은 치료제를 개발하는 데 도움이 될 수 있다"고 설명했어요.

알쏭달쏭 어휘 사전

- **수용체**(受容體) 세포에서 호르몬 등에 반응하여 세포의 기능을 바꾸는 물질.
- **감칠맛** 음식이 더 먹고 싶어지는 깊은 맛.
- **찰나**(刹那) 어떤 일이 일어나는 아주 짧은 순간.
- **메커니즘** 어떤 일이 일어나는 원리나 과정.
- **부작용**(副作用) 본래 목적과 다르게 좋지 않은 결과가 생김.

문해력을 높여 주는 배경지식

본능적으로 발달한 인간의 입맛

인간은 단맛, 신맛, 짠맛, 쓴맛, 감칠맛을 느껴요. 몸에 필요한 성분을 찾고, 위험한 음식을 피하기 위해 맛을 느끼는 감각이 발달했지요. 단맛은 활동에 꼭 필요한 포도당을 찾도록 도와주고, 짠맛은 몸의 균형을 유지하는 나트륨과 관련 있어요. 감칠맛은 단백질이 많은 음식을 알아보게 하지요. 반대로 신맛은 상한 음식을 구분하기 위해 발달했다는 설이 있어요. 쓴맛은 몸에 해로운 독소를 피하라는 경고 신호예요. 독이 있는 풀이나 열매에 쓴맛이 많은 것도 이런 이유 때문이에요.

맛을 느끼는 원리

맛은 혀만으로 느끼는 감각이 아니에요. 음식의 모양과 냄새, 온도, 식감을 눈과 코, 입으로 함께 느끼지요. 하지만 최종적으로 맛을 판단하는 곳은 뇌예요. 맛을 느끼는 첫 단계는 혀에서 시작돼요. 혀에는 '유두'라는 작은 돌기가 있고, 그 안에 50~100개의 맛세포로 이루어진 '미뢰'가 있어요. 음식 속 분자가 미뢰에 닿으면 화학 반응이 일어나고, 이 신호가 뇌로 전달돼요. 그러면 뇌가 맛을 판단하지요. 미뢰는 혀뿐 아니라 입천장과 목구멍에도 있어요. 그래서 음식을 삼키는 과정에서도 맛을 느낄 수 있답니다.

침 때문에 맛을 더 잘 느낀다고?

음식이 침에 녹아 액체가 되면, 음식 속 분자가 미뢰에 더 빠르게 닿아요. 그래서 딱딱한 음식보다 국물이나 음료의 맛이 먼저 느껴지지요. 또 침 속의 '아밀레이스'라는 효소는 음식을 부드럽게 하고 소화를 도와요. 침은 음식을 씹을 때 많이 나오는데, 제대로 씹지 않고 삼키면 아밀레이스가 충분히 작용하지 못해 위와 장에 부담을 줄 수 있어요.

더 생각해 보기

매운맛은 '맛'이 아니라 '통증'

고추나 떡볶이를 먹을 때 입안이 얼얼해진 적 있나요? 매운맛은 미각이 아니라 통증이에요. 매운 음식 속 화학 물질이 혀와 입안의 피부를 자극하는 현상이지요. 떫은맛도 마찬가지예요. 떫은 감이나 녹차를 먹으면 혀가 눌리고 조이는 느낌이 드는데, 이것도 맛이 아니라 '압각'이라는 감각이에요.

자신감을 더해 주는 어휘 퀴즈

1 기사 내용과 같으면 ○, 다르면 × 표시를 하세요.

(1) 쓴맛은 혀가 아니라 뇌에서 보내는 신호로 느낀다. (   )

(2) TAS2R14 수용체는 단맛을 구별하는 단백질이다. (   )

(3) 쓴맛을 느끼는 과정은 아주 짧은 순간에 이루어진다. (   )

(4) 이번 연구는 쓰지 않은 약을 만드는 데 도움을 줄 수 있다. (   )

2 밑줄 친 곳에 들어갈 알맞은 어휘를 보기 에서 골라 적으세요.

보기	감칠맛, 찰나, 메커니즘, 부작용

(1) 엄마의 된장국은 깊은 (   ) 때문에 자꾸 숟가락이 간다.

(2) 카메라는 번개가 치는 (   )의 순간까지 포착했다.

(3) 달걀이 익는 (   )을 알아보기 위해 영상 촬영을 했다.

(4) 약을 잘못 먹으면 예상치 못한 (   )이 나타날 수 있다.

3 괄호 안에 알맞은 낱말을 넣어, 기사를 완성해 보세요.

내가 뽑은 제목:

쓴맛은 혀가 아니라, (   )가 보내는 신호로 느껴요. 쓴 음식이 입안에 들어오면 음식 속 화학 물질이 맛세포의 단백질 (   )와 결합하고, 이때 생긴 변화가 뇌로 전달되지요. 연구팀은 이런 쓴맛을 느끼는 (   )을 밝히며, 쓰지 않은 약을 만들거나 (   ) 위험이 낮은 치료제를 개발하는 데 도움이 될 수 있다고 설명했어요.

미각을 잃은 사람도 복지 혜택을 받아야 할까?

우리나라에는 시력이나 청력을 잃은 사람을 위한 복지 서비스가 마련돼 있어요. 그렇다면 미각을 잃은 사람은 어떨까요? 우리나라를 비롯한 여러 나라에서는 미각 장애에 대한 직접적인 복지 혜택이 거의 없어요. 미각 상실도 지원이 필요한 장애일까요?

A 지금까지 미각 장애에 대한 복지 제도가 없었다는 것은, 다른 장애에 비해 일상생활의 불편이 상대적으로 적다는 뜻일 수 있어요. 복지 예산은 한정돼 있기 때문에, 이동이나 의사소통에 큰 어려움을 겪는 사람이 먼저 지원받아야 해요.

B 맛을 느끼지 못하면 먹는 즐거움을 잃어 우울해질 수 있고, 식욕이 떨어져 건강이 나빠질 수도 있어요. 또 상한 음식이나 독이 든 음식을 구별하기 어려워 사고 위험도 커요. 건강과 안전에 직접적인 영향을 주는 만큼 복지 혜택을 받아야 한다고 생각해요.

C 미각 장애는 개인이 조심하면 어느 정도 위험을 줄일 수 있어요. 또 시각이나 청각 장애와 달리, 미각 장애의 정도를 객관적으로 판단하기도 어려워요. 기준이 모호하면 장애 등급을 정하고 제도를 운영하기 힘들 거예요.

D 지금의 복지 제도는 시각과 청각 장애에 집중돼 있어요. 하지만 앞으로는 미각이나 후각 상실처럼 장애 종류가 다양해질 수 있어요. 모든 장애를 똑같이 지원할 수는 없더라도, 상황에 맞는 맞춤형 지원은 필요하다고 생각해요.

내 생각 정리하기

외국인 주민 250만 시대, 우리 동네가 달라졌어요

개암이는 요즘 주변에서 외국인을 자주 만나요. 같은 반 친구의 엄마는 베트남 사람이고, 단골 분식집 사장님은 중국인이에요. 학교 근처 건설 현장에서도 외국인 노동자를 쉽게 볼 수 있지요. 교과서에서 배운 '다인종 다문화 국가'는 이제 현실로 **체감**할 수 있는 현상이에요.

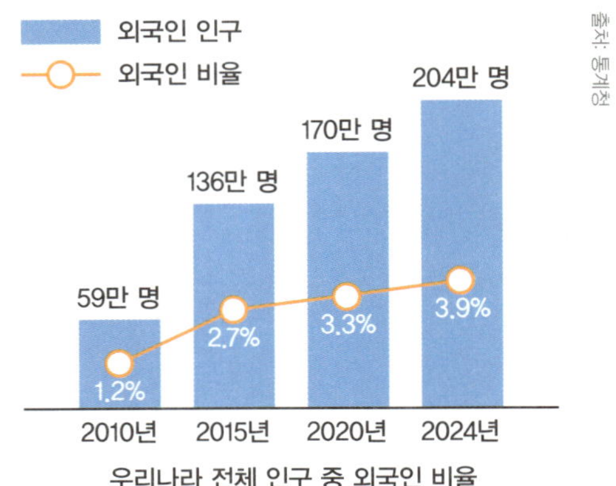

우리나라 전체 인구 중 외국인 비율

최근 우리나라에 **상주**하는 외국인 인구가 꾸준히 늘고 있어요. 통계청의 '2024년 인구 주택 총조사'에 따르면, 상주 외국인 인구는 **사상** 처음으로 200만 명을 넘어섰어요. 전년보다 10만 8천 명 늘어 전체 인구의 3.9퍼센트를 차지했지요. 국적별로는 중국이 가장 많고, 베트남과 태국이 뒤를 이었어요. 귀화자와 결혼 이민자, 국제결혼으로 태어난 자녀를 포함한 다문화 가구도 약 44만 가구에 달해요.

우리나라 상주 외국인의 **상당수**는 일할 수 있는 나이인 생산 연령 인구(15~64세)로, 공장과 건설 현장, 음식점, 요양 시설 등 다양한 분야에서 일해요. 특히 농어촌에는 외국인 노동력 없이는 운영이 어려운 곳도 많아요. 전문가들은 "앞으로 다인종 다문화 국가 **진입**에 대비해야 한다"고 말해요.

알쏭달쏭 어휘 사전

- **체감**(體感) 외부 자극을 몸으로 직접 느낌.
- **상주**(常住) 한곳에 계속 머물며 삶.
- **사상**(史上) 역사 기록 속에서.
- **상당수**(相當數) 어지간히 많은 수.
- **진입**(進入) 어떤 곳이나 상황 안으로 들어감.

문해력을 높여 주는 배경지식

다인종 다문화 국가란?

다인종 다문화 국가는 여러 인종과 다양한 문화적 배경을 지닌 사람들이 함께 살아가는 나라예요. 외국인 노동자와 유학생, 결혼 이민자, 귀화자처럼 언어와 종교, 생활 방식이 다른 사람들도 사회의 구성원이 되지요. 다문화 사회를 설명할 때는 '샐러드 볼 사회'나 '모자이크 사회'라는 표현을 써요. 샐러드처럼 한데 모여 각자의 맛을 지키거나, 모자이크처럼 서로 다른 조각이 모여 하나의 그림을 이루는 사회를 뜻해요. 다인종 다문화 국가란 이렇게 다양함을 지닌 사람들이 서로 어울려 살아가는 사회예요.

외국인 인구가 늘어나는 이유

우리나라는 저출생과 고령화로 인구가 빠르게 줄고 있어요. 특히 경제 활동을 하는 생산 연령 인구가 감소하면서 일할 사람이 부족해졌지요. 이를 해결하기 위해 정부는 '고용 허가제' 등 외국인 노동자 유입 정책을 확대하고 있어요. 그 결과 국내 외국인 가운데 가장 큰 비중을 차지하는 이들이 노동자예요. 이와 함께 유학생과 결혼 이민자도 꾸준히 늘고 있어요.

다인종 다문화 사회, 제도만으로 될까?

이민정책연구원 조사에 따르면 국민의 85퍼센트가 이민 정책을 전담할 기구가 필요하다고 답했어요. 외국인 인구가 늘면서 체계적인 관리가 중요하다고 본 거예요. 하지만 이민자 증가에 대한 인식은 긍정 55.9퍼센트, 부정 44.1퍼센트로 나뉘었어요. 제도는 필요하지만, 이웃으로 받아들이는 데에는 아직 시간이 필요하다는 뜻이지요. 그래서 정책뿐 아니라 서로를 이해하고 존중하는 태도가 필요해요. 피부색이나 언어, 종교가 달라도 서로의 문화를 배우고 인정할 때 진짜 다문화 사회가 돼요.

더 생각해 보기

우리나라의 첫 공식 이민 이야기

우리나라 첫 공식 이민은 1900년대 초 하와이로 떠난 사람들이에요. 1903년 1월 13일, 제물포에서 출발한 이민자 102명이 하와이 호놀룰루에 도착했지요. 정부의 허가를 받은 첫 집단 이민이었어요. 이들은 사탕수수 농장에서 하루 10시간 넘게 힘든 일을 했어요. 임금은 많지 않았지만, 독립운동 자금을 모아 조국을 지원하기도 했어요. 우리나라의 이민 역사는 더 나은 삶을 찾으려는 노력과, 나라를 잊지 않으려는 마음에서 시작됐어요.

자신감을 더해 주는 어휘 퀴즈

1 기사 내용과 같으면 ○, 다르면 × 표시를 하세요.

(1) 우리나라 상주 외국인 인구는 처음으로 200만 명을 넘었다. (　　　)

(2) 다문화 가구에 결혼 이민자 가족은 포함되지 않는다. (　　　)

(3) 외국인은 다양한 일터에서 일한다. (　　　)

(4) 전문가들은 다문화 국가로 진입할 필요가 없다고 말했다. (　　　)

2 밑줄 친 곳에 들어갈 알맞은 어휘를 보기에서 골라 적으세요.

보기	상주, 사상, 상당수, 진입

(1) 학교 운동회에 (　　　　　)의 학생이 참가했다.

(2) 가게 앞에 줄이 길어지자 사람들은 내부로 (　　　　　)하지 못했다.

(3) 마을에는 평생을 이곳에서 살아온 (　　　　　) 주민이 많다.

(4) 올해 올림픽 기록이 (　　　　　) 처음으로 깨졌다.

3 괄호 안에 알맞은 낱말을 넣어, 기사를 완성해 보세요.

내가 뽑은 제목: ________________________

우리나라에 (　　　　　)하는 외국인 인구가 200만 명을 넘었어요. 중국, 베트남, 태국 순으로 많고, 귀화자와 결혼 이민자 등 (　　　　　) 가구도 약 44만 가구에 이르지요. 이들은 (　　　　　) 연령 인구로서 공장과 음식점 등 여러 분야에서 일하며 사회를 지탱해요. 전문가들은 다인종 다문화 국가 (　　　　　)에 대비해야 한다고 말해요.

깊이 생각하며 사고력 키우기

인구 감소, 이민 정책으로 해결될까?

우리나라는 저출생과 초고령화로 인구가 빠르게 줄고 있어요. 반면 상주 외국인 인구는 꾸준히 늘어 200만 명을 넘었지요. 미국, 캐나다, 호주처럼 이민 정책으로 인구 문제를 해결하려는 나라도 있어요. 그렇다면 우리나라도 이민 정책으로 인구 감소 문제를 해결해야 할까요?

A 저출생 문제는 해결에 오랜 시간이 걸리는데, 이민은 비교적 빠르게 인구를 늘릴 수 있는 해법이에요. 실제로 미국과 캐나다, 호주는 이민으로 노동력 부족 문제를 해결하고 경제 성장을 이어 가고 있어요. 우리도 이민을 늘리면 인구 감소와 지방의 일손 부족 문제를 완화할 수 있다고 봐요.

B 이민 정책보다 먼저 인구가 줄어든 지역을 살려야 해요. 교육과 일자리, 의료 시설을 늘려 살기 좋은 환경을 만들면 인구 감소 속도를 늦출 수 있어요. 이런 환경을 갖추면 인구가 줄어들어도 사회가 안정적으로 유지될 거예요.

C 이민자가 빠르게 늘어나면 언어와 문화 차이로 갈등이 생길 수 있어요. 인구 문제를 해결하겠다고 이런 문제를 가볍게 넘겨서는 안 돼요. 이민을 늘리려면 교육과 제도가 먼저 뒷받침되어야 해요.

D 이민은 단순히 인구수를 늘리는 것뿐 아니라 사회를 더 활기차게 만들 수 있어요. 다양한 문화와 경험이 모이면 새로운 산업과 아이디어가 생길 수 있거든요. 이민 정책이 잘 준비된다면 인구 문제 해결과 함께 사회의 경쟁력도 높일 수 있을 거예요.

내 생각 정리하기

환경 ★★

핵심 단어: 미세 먼지

4학년 2학기 과학 4. 기후 변화와 우리 생활

“목이 따끔거려요” 겨울철 미세 먼지 주의보

겨울만 되면 반갑지 않은 손님인 미세 먼지가 **기승**을 부려요. 기상청은 중국에서 발생한 미세 먼지가 많이 날아와, 전국 대부분 지역의 초미세먼지 농도가 ‘나쁨’ 수준까지 오를 것이라고 예보했어요.

겨울철에 미세 먼지가 유난히 **극성**인 이유는 공기가 잘 움직이지 않는 대기 **정체** 현상이 나타나기 때문이에요. 한 번 들어온 공기가 빠져나가지 못하면서, 국내에서 발생한 오염 물질과 국외에서 넘어온 미세 먼지가 쌓여 대기질이 나빠지지요. 전문가들은 “한반도 주변의 해수면 기온이 오르고 있는 탓에 겨울에도 따뜻한 공기가 오래 머물러 대기 정체가 더 심해지고 있다”고 말해요.

여기에 중국의 겨울철 석탄 난방으로 발생한 오염 물질과 황사까지 **중첩**되면 상황은 더 악화돼요. 황사는 중국 사막 지역이나 내몽골 고원에서 날아온 흙먼지가 편서풍을 타고 우리나라로 이동하는 현상이에요.

실제로 2021년에는 10년 만에 최악의 황사가 나타나 대기질이 크게 나빠졌어요. **겨우내** 얼었던 땅이 봄에 녹으며 황사가 생기지만, 겨울이 따뜻해지면서 겨울 황사도 잦아지고 있어요.

알쏭달쏭 어휘 사전

- **기승**(氣勝) 기운이나 힘이 너무 세서 쉽게 줄지 않음.
- **극성**(極盛) 성질이나 행동이 지나치게 세고 적극적임.
- **정체**(停滯) 나아가지 못하고 한곳에 머무름.
- **중첩**(重疊) 여러 번 겹쳐서 포개짐.
- **겨우내** 겨울 동안 내내.

대기 정체 현상이 나타나는 원인

대기 정체는 공기가 한곳에 머물러 잘 흐르지 않는 상태를 말해요. 대표적인 원인은 고기압의 영향이에요. 고기압이 오래 머무르면 공기가 위에서 아래로 내려오며 대기가 안정돼요. 그러면 공기가 잘 섞이지 않아 오염 물질이 쌓이지요. 이런 상황에서는 기온 역전 현상이 생기기 쉬워요. 겨울에는 밤사이 지표면이 빠르게 식어 찬 공기가 아래에 깔리고, 그 위를 따뜻한 공기가 덮어요. 이렇게 형성된 역전층이 뚜껑처럼 작용해 공기의 움직임을 막고, 미세 먼지가 더 빠져나가지 못하게 해요.

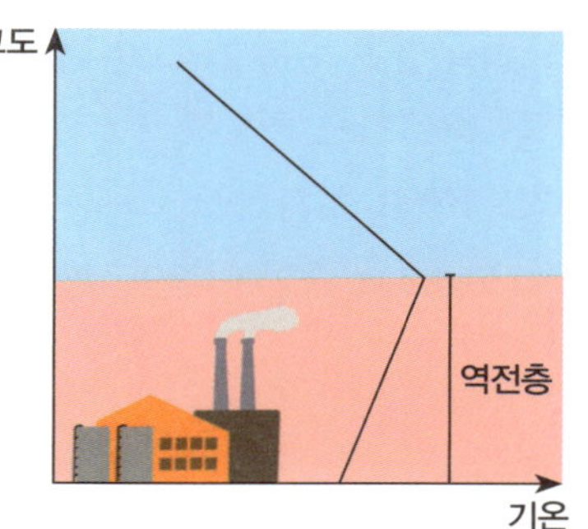

따뜻한 공기가 찬 공기를 덮는 기온 역전 현상

대기 순환이 멈추면 어떤 일이 생길까?

대기 순환은 적도의 더운 공기가 올라가고, 극지방의 찬 공기가 내려오며 지구의 열을 고르게 나누는 과정이에요. 이 순환이 멈추면 극지방은 더 추워지고, 적도는 열이 빠져나가지 못해 점점 더 더워져요. 또 미세 먼지가 퍼지지 못해 공기 질이 급격히 나빠져요. 바람과 구름도 만들어지지 않아 기상 현상이 사라지고, 결국 지구는 생명이 살기 어려운 환경이 돼요.

같은 듯 다른 미세 먼지, 초미세 먼지, 황사

황사는 중국 내몽골 고원에서 날아온 모래와 흙먼지예요. 일반적으로 황사 입자는 10마이크로미터(㎛) 이상으로 커, 대부분 코나 기관지에서 걸러져요. 반면 미세 먼지는 산업 시설이나 자동차에서 생기며, 중금속과 유해 물질이 섞여 있어요. 입자가 10마이크로미터보다 작아 호흡기로 들어갈 수 있어요. 초미세 먼지는 2.5마이크로미터보다 더 작아 폐 깊숙이 침투하고, 혈관이나 뇌까지 이동할 수 있어 더욱 위험해요. 참고로 1마이크로미터는 머리카락의 약 100분의 1 굵기예요.

더 생각해 보기

마스크는 어떻게 미세 먼지를 막아 낼까?

미세 먼지 마스크는 필터로 공기 중 먼지를 걸러 내요. KF80, KF94 마스크는 아주 작은 초미세 먼지도 통과하기 어려운 촘촘한 필터를 사용해요. 이 필터는 체처럼 먼지를 걸러 내는 동시에, 정전기로 먼지를 끌어당겨 붙잡아요. 마스크를 코와 턱에 빈틈없이 밀착하면 깨끗한 공기는 들어오고, 먼지는 막을 수 있어요. 그래서 미세 먼지가 많은 날에는 마스크를 쓰는 게 좋아요.

자신감을 더해 주는 어휘 퀴즈

1 기사 내용과 같으면 ○, 다르면 × 표시를 하세요.

(1) 겨울에 공기가 잘 움직이지 않아 미세 먼지가 더 심해졌다. (　　　)

(2) 겨울철 대기질은 중국의 석탄 난방과 황사와는 관련이 없다. (　　　)

(3) 겨울에는 대기 정체 현상 때문에 오염 물질이 쌓이기 쉽다. (　　　)

(4) 황사는 바다가 증발해 생긴 습기가 우리나라로 날아오는 현상이다. (　　　)

2 밑줄 친 곳에 들어갈 알맞은 어휘를 보기에서 골라 적으세요.

보기 기승, 정체, 중첩, 겨우내

(1) 갑작스러운 폭우가 이틀째 (　　　　　　)을 부리며 피해가 늘었다.

(2) (　　　　　　) 눈이 쌓여 운동장을 사용할 수 없었다.

(3) 비슷한 일정이 (　　　　　　)되어 하루가 무척 바빴다.

(4) 도로 공사로 차량이 한참 동안 (　　　　　　)되었다.

3 괄호 안에 알맞은 낱말을 넣어, 기사를 완성해 보세요.

내가 뽑은 제목: ______________________________

겨울이면 미세 먼지가 (　　　　　　)을 부려요. 겨울철에는 공기가 잘 움직이지 않는 대기 (　　　　　　) 현상 때문에 오염 물질이 쌓이기 쉬워요. 여기에 중국에서 날아온 오염 물질까지 (　　　　　　)되면 대기질은 더 나빠지지요. 최근에는 겨우내 따뜻한 날이 늘며 겨울 (　　　　　　)도 잦아지고 있어요.

야외 수업, 제한 기준을 더 강화해야 할까?

우리나라는 미세 먼지가 '나쁨' 이상일 때 야외 수업을 제한하고 있어요. 다만 지역마다 기준이 조금씩 달라요. 중국과 일본 등은 우리나라보다 더 엄격한 기준을 적용하고 있어, 지금의 기준을 강화해야 한다는 의견도 나오고 있어요. 여러분은 어떻게 생각하나요?

A 미세 먼지가 심해지면서 야외 활동이 이미 많이 줄었어요. 체육 시간은 물론 점심시간에도 운동장에 나가지 못해 답답해요. 체육관도 전교생이 쓰기엔 너무 좁아요. 기준이 더 엄격해지면 아이들이 신체 활동을 할 기회가 거의 없을 거예요.

B 미세 먼지는 호흡기와 건강에 매우 해로워요. 잠깐 야외 활동을 하려고 미세 먼지에 노출돼 병에 걸릴 위험을 키울 수는 없어요. 다른 나라처럼 기준을 엄격하게 정해 건강을 먼저 지켜야 한다고 생각해요.

C 야외 수업이 줄더라도 실내에서 체력을 기를 방법을 마련할 수 있어요. 대신 실내 공기를 안전하게 관리해야 해요. 정부가 교실 공기 질 기준을 더 꼼꼼히 세우면 야외 수업 감소 문제를 보완할 수 있을 거예요.

D 야외 활동은 체력뿐 아니라 소풍이나 견학 같은 배움의 기회이기도 해요. 기준이 너무 엄격하면 이런 활동까지 크게 줄어들 수 있어요. 미세 먼지를 피하면서도 교육 활동을 이어 갈 수 있는 대책이 필요해요.

내 생각 정리하기

지혜와 용기가 살아 있는 《구렁덩덩 신선비》

어느 마을에 한 할머니가 아이를 **점지**해 달라며 간절히 빌어 뱀 아들을 낳았어요. 세월이 흘러 어른이 된 뱀 아들은 이웃집 딸과 **혼례**를 치르고 싶다고 했지요. 할머니가 이웃집 세 딸에게 청혼하자, 첫째와 둘째는 거절했지만 셋째 딸은 이를 받아들였어요.

혼례를 치른 첫날 밤, 뱀 신랑은 **허물**을 벗고 잘생긴 남자로 변했어요. 그 뒤 낮에는 뱀으로, 밤에는 사람으로 지냈지요. 어느 날 뱀 신랑은 과거 시험을 보러 떠나며, 자신의 허물을 절대 남에게 보이지 말고 잘 간직하라고 아내에게 **당부**했어요.

하지만 부인의 실수로 두 언니가 허물을 발견했고, 그만 태워 버리고 말았지요. 허물이 타는 냄새를 맡은 뱀 신랑은 집으로 돌아오지 않았어요. 부인은 남편을 찾아 길을 떠났고, 힘들게 그를 만났지만 뱀 신랑은 이미 다른 여자와 혼인한 뒤였어요.

뱀 신랑은 내기에서 이긴 사람과 함께 살겠다고 했어요. 부인과 새 여자는 물 **길어** 오기와 호랑이 눈썹 가져오기 같은 어려운 시합을 벌였지요. 결국 내기에서 이긴 부인은 뱀 신랑과 다시 만나 행복하게 살았어요.

읽기 안내
이 글은 설화의 줄거리를 핵심만 정리해 소개했어요.

어휘

점지 자식을 갖게 해 주거나, 앞으로 생길 일을 미리 알려 줌.
혼례(婚禮) 남녀가 부부가 되는 의식.
허물 파충류나 곤충이 자라면서 벗는 껍질.
당부(當付) 꼭 지켜 달라고 말로 부탁함.
긷다 우물이나 샘에서 두레박이나 바가지로 물을 퍼 올리다.

중심 내용 요약하기

이해력을 키우는 배경지식

뱀이 인간으로 변하는 우리나라 대표 설화

《구렁덩덩 신선비》는 뱀이 사람으로 변하는 신비로운 이야기예요. 겉모습만 보고 판단하면 안 되고, 어려움 속에서도 끈기 있게 노력하면 행복을 얻을 수 있다는 교훈을 담고 있지요. 뱀은 우리나라뿐 아니라 세계 여러 나라에서 신성한 동물로 여겨요. 허물을 벗는 모습 때문에 '새롭게 태어나는 존재' '행운과 재물을 가져오는 상징'으로 받아들여지지요. 뱀을 주인공으로 한 설화가 많이 전해지는 것도 그 때문이에요.

입에서 입으로 전해져 기록된 이야기

《구렁덩덩 신선비》는 《뱀 신랑》《구렁덩덩 서선비》 등 여러 이름으로 불리는 설화예요. 설화는 입에서 입으로 전해지다 기록된 옛이야기를 말해요. 신화나 전설처럼 신비한 이야기부터, 민담처럼 사람들 사이에서 오래 전해 내려온 이야기까지 모두 설화에 속해요. 우리가 잘 아는 《자린고비》나 《흥부와 놀부》도 설화를 어린이 눈높이에 맞게 바꾼 전래 동화예요. 설화는 지역에 따라 내용이 달라, 같은 이야기라도 조금씩 차이가 있어요.

역사 속 사건 알아보기

책이 귀하던 시대, 왜 이야기가 중요했을까?

옛날에는 책이 귀했고, 글을 읽는 사람도 많지 않았어요. 그래서 마을 어른들이 들려주는 이야기가 지혜와 교훈을 전하는 중요한 수단이었지요. 이런 이야기를 '구비 문학'이라고 해요. '구비'는 '오래도록 전해지는 말'이라는 뜻이에요. 설화뿐 아니라 민요, 판소리, 속담처럼 말로 전해진 문화가 모두 구비 문학이에요. 구비 문학은 작자와 시대를 알기 어렵고, 전하는 사람에 따라 표현이나 이야기 흐름이 바뀌기도 해요. 세월을 거치며 자연스럽게 다듬어진 이야기라고 할 수 있지요.

인물 상식

소설을 읽어 주는 직업, 전기수

조선 후기에는 소설을 전문적으로 읽어 주는 '전기수'라는 직업이 있었어요. 전기수는 《춘향전》이나 《홍길동전》 같은 이야기를 1인극처럼 실감 나게 들려주고 돈을 받았지요. 부유한 집이나 시장처럼 사람들이 모이는 곳을 다니며 활동했어요. 덕분에 글을 모르는 사람들도 소설을 재미있게 즐길 수 있었어요.

생각을 여는 문해력 테스트

1 설화에 대한 설명이 옳으면 ○, 다르면 × 표시를 하세요.

(1) 설화는 입에서 입으로 전해 내려오다가 기록된 옛이야기이다. (   )

(2) 뱀은 설화에서 늘 나쁜 존재로 등장한다. (   )

(3) 설화는 지역에 따라 내용이 달라 여러 이야기로 전해지기도 한다. (   )

2 밑줄 친 곳에 들어갈 알맞은 어휘를 보기 에서 골라 적으세요.

보기	점지, 허물, 당부, 혼례

(1) 농부는 하늘이 풍년을 (   )해 주길 바랐다.

(2) 선생님은 숙제를 잊지 말라고 여러 번 (   )했다.

(3) 땅에서 발견한 뱀의 (   )을 조심스레 들여다보았다.

(4) 옛날에는 마을 사람들이 모두 모여 신랑과 신부의 (   )를 축하했다.

생각을 확장하는 글쓰기

가족이나 친구에게 전해 들은 옛날이야기를 기억나는 대로 적어 보세요.

정답

1주 차

[경제] 1. O X O X　2. 성료, 탕진, 오감, 이색　3. 팝업, 탕진, 성료, 이색

[사회 문화] 1. O X O X　2. 창작물, 논쟁, 규제, 생성　3. 생성, 창작물, 저작권, 규제

[과학] 1. O X O O　2. 미생물, 이식, 바야흐로, 분변　3. 공여자, 미생물, 이식술, 균형

[국제] 1. O X O X　2. 시위, 봉쇄, 과잉, 단속　3. 관광객, 시위, 교통, 단속

[환경] 1. O X O X　2. 성분, 피력, 풍미, 식용　3. 성분, 식용, 풍미, 식량

[읽을거리] 1. O X O　2. 의결, 재외 국민, 계승, 항거

2주 차

[경제] 1. O X O X　2. 산적, 채용, 유연, 저해　3. 근로, 저해, 채용, 유연

[사회 문화] 1. O X O O　2. 국적, 손자녀, 유형, 친족　3. 형태, 국적, 황혼, 비친족

[과학] 1. O X O X　2. 분비, 왕성, 정상치, 진통제　3. 헬퍼스, 호르몬, 정상치, 천연

[국제] 1. O X O X　2. 정형화, 출시, 취지, 세분화　3. 상징, 출시, 취지, 세분화

[환경] 1. O X O X　2. 저명, 비축, 혹사, 동면　3. 꿀벌, 혹사, 비축, 수명

[읽을거리] 1. O X O　2. 재래, 뒷간, 예우, 경어

3주 차

[경제] 1. X O X O　2. 송금, 자산, 유통, 제도화　3. 스테이블코인, 송금, 판매자, 유통

[사회 문화] 1. O X X O　2. 악성 코드, 유출, 누적, 소액　3. 해킹, 유출, 악성, 보안

[과학] 1. X X O X　2. 희귀, 극히, 항원, 수혈　3. 희귀, 항원, 분류, 수혈

[국제] 1. O X O O　2. 징계, 의혹, 귀화, 위조　3. 위조, 귀화, 출생, 출전

[환경] 1. O X O X　2. 침투, 서식, 투과, 표층　3. 다크닝, 침투, 투과, 먹이 경쟁

[읽을거리] 1. O X O　2. 녹두, 청포 장수, 녹두꽃, 아랫녘

4주 차

[경제] 1. O O X O　2. 국비, 재원, 소상공인, 선심　3. 경제, 소비, 국비, 소상공인

[사회 문화] 1. O O X O　2. 개막, 대응, 친교, 번영　3. 정상, 개막, 친교, 대응

[과학] 1. O X O X　2. 중수소, 승부수, 상용화, 폐기물　3. 전기, 태양, 폐기물, 중수소

[국제] 1. O X O O　2. 감행, 공습, 휴전, 중재　3. 공습, 보복, 중재, 휴전

[환경] 1. O X O X　2. 이례적, 발원지, 형성, 속출　3. 폭염, 속출, 해수, 열섬

[읽을거리] 1. O O O　2. 자주, 대세, 겨레, 발동

5주 차

[경제] 1. O X O O 2. 꼼수, 분통, 변동, 의아 3. 슈링크, 중량, 꼼수, 분통

[사회 문화] 1. O X X O 2. 투입, 단층, 담보, 환수 3. 강점기, 환수, 담보, 투입

[과학] 1. O X X O 2. 방생, 매개, 외래, 토착 3. 토착, 모기, 외래, 매개

[국제] 1. O X O X 2. 개척, 유빙, 출범, 정비 3. 북극, 출범, 유빙, 정비

[환경] 1. O O X O 2. 반출, 기조, 부지, 수순 3. 탈원전, 제염, 부지, 반출

[읽을거리] 1. O X O 2. 순응, 후세, 사기, 조종

6주 차

[경제] 1. O X O O 2. 검수, 선순환, 전가, 편익 3. 반품, 선순환, 전가, 환경

[사회 문화] 1. O X O O 2. 교통 체증, 빈번히, 재발, 복구 3. 싱크홀, 복구, 재발, 대책

[과학] 1. O X O X 2. 인파, 구상, 탄성, 가량 3. 축제, 인파, 구상, 탄성

[국제] 1. O X O X 2. 의제, 표결, 무산, 재론 3. 의제, 왜곡, 무산, 재론

[환경] 1. O X O X 2. 합류, 고유, 완화, 구실 3. 쉬리, 회복, 합류, 완화

[읽을거리] 1. O X O 2. 고이, 역겨운, 영변, 아름

7주 차

[경제] 1. O X O X 2. 육성, 토대, 생애, 가구 3. 반려동물, 증가, 토대, 펫코노미

[사회 문화] 1. O X O X 2. 불과, 가임, 극단적, 합계 3. 저출생, 고령화, 합계, 극단적

[과학] 1. O O X O 2. 생후, 장착, 모방, 보행 3. 시니어, 모방, 보행, 헬스

[국제] 1. O X X O 2. 선출, 중도, 지지, 능통 3. 선출, 서품, 콘클라베, 중도

[환경] 1. O X O X 2. 일종, 균주, 활성화, 귀추 3. 기저귀, 배설물, 분해, 귀추

[읽을거리] 1. O X O 2. 행장, 우렛소리, 무사, 강호

8주 차

[경제] 1. X O O X 2. 대란, 협업, 대안, 고전 3. 듀프, 협업, 품절, 가심비

[사회 문화] 1. O X O X 2. 추진, 선호, 인건비, 의무적 3. 규모, 배리어, 인건비, 추진

[과학] 1. O X O O 2. 감칠맛, 찰나, 메커니즘, 부작용 3. 뇌, 수용체, 메커니즘, 부작용

[국제] 1. O X O X 2. 상당수, 진입, 상주, 사상 3. 상주, 다문화, 생산, 진입

[환경] 1. O X O X 2. 기승, 겨우내, 중첩, 정체 3. 기승, 정체, 중첩, 황사

[읽을거리] 1. O X O 2. 점지, 당부, 허물, 혼례

작가의 말

AI 시대에도 변하지 않는 힘, 문해력

며칠 전, 테슬라 최고 경영자인 일론 머스크가 어느 인터뷰에서 한 발언 때문에 세상이 술렁였어요. “가까운 미래에는 AI와 로봇이 인류를 능가할 것”이라는 말이었지요. AI는 우리가 예상한 것보다 훨씬 빠른 속도로 발전하고 있어요. 새로운 AI 기술이 등장해 사람들이 놀라는 그 짧은 순간에도, AI는 성장하고 있지요.

평소처럼 묵묵히 원고를 쓰다가 문득 이런 생각이 들었어요. ‘이렇게 글을 쓰는 일이 미래에도 과연 도움이 될까?’ ‘이 책을 읽는 어린이 독자들이 기사를 읽고 배경지식을 이해하며 자기 생각을 정리하는 일은 앞으로도 꼭 필요할까?’ 글쓰기는 물론, 영상과 그림, 음악까지 AI가 대신 만들어 내는 세상에서 말이에요.

그러다 제법 글을 잘 쓴다는 생성형 AI 사이트를 열어 보았어요. 그 순간, 고민은 의외로 쉽게 정리됐지요. AI가 글을 쓰려면, 결국 사람이 먼저 말을 걸어야 하니까요. 어떤 질문을 던지는지, 어떤 지시를 내리는지에 따라 AI의 결과물은 달라져요.

AI에서 훌륭한 글을 얻으려면 자기가 무엇을 원하는지 정확히 알고, 생각을 정리한 뒤 구체적이고 명확한 질문을 던져야 하지요. 또 AI가 내놓은 결과를 그대로 받아들이는 것이 아니라, 자신의 배경지식을 바탕으로 옳고 그름을 가려내야 하고요. 이 모든 과정의 출발점이 바로 문해력이라는 생각이 들었어요.

신문 기사를 읽으며 문해력을 키우다 보면 통찰력도 함께 자라요. 우리 주변에서 일어나는 다양한 일들을 이해하고 경험할수록, 세상의 흐름을 파악하고 꿰뚫어 보는 힘이 생기거든요. 이 통찰력은 AI 시대에 마주하게 될 여러 문제를 해결하는 데도 도움이 될 거예요.

이 책으로 자연스럽게 쌓은 문해력은 전 과목 학습은 물론, 다가올 AI 시대에도 여러분을 단단하게 지켜 주는 힘이 되어 줄 거라고 믿어요.

강미숙, 지다나 드림